JN082714

小さなスペースではじめる

# 飾る暮らしの作り方

ディスプレイデザイナー・
インテリアスタイリスト
みつまともこ

THEORY & IDEA
プロが教える
セオリー＆アイデア

SE
SHOEISHA

# プロが教える
# セオリー&アイデア

暮らしを豊かに彩る、さまざまなモノやコト。
SNSなどで見かけたもの、ふとお店で見て気に入ったものを
手軽に取り入れるのもよいですが、
基本やノウハウを知っていると、もっと生活が楽しくなります。

がんばりすぎず、気取りすぎず、
でも毎日を素敵に、心地よく暮らしたい。
そんな人に向けた本が「プロが教えるセオリー&アイデア」シリーズです。

そのジャンルのプロが、経験から培ったセオリーと
暮らしの中できちんと実践するためのアイデアを
美しい写真とわかりやすい解説で、惜しみなく紹介します。

# はじめに

私は美術大でグラフィックデザインを学びましたが、ディスプレイに興味があったので仕事で初めてその分野に入りました。

実践で色々と学んでいくうちに、ディスプレイは宣伝なんだ、ということを改めて感じました。もともと大学では広告を専攻していたので、宣伝活動であるディスプレイに惹かれつつ、平面ではないことの新鮮さ、立体物の持つおもしろさも感じていました。ディスプレイの宣伝の部分と、立体の表現の部分はうまく噛み合えばとても効果的な、空間を使った広告になります。

ディスプレイの仕事で忙しい日々の中、自宅の一部をディスプレイすることを自然にやり始めていました。当時は狭いマンション暮らしだったので、ほんの小さい場所ですが、部屋の中に幾つかのディスプレイがありました。玄関の正面に置いた小さな台、トイレの壁につけた小さな棚、テレビの横のちょっとしたスペース。どれも狭いなりに工夫して作った場所です。仕事の帰りに、そこに飾るための花を少しだけ買って帰ったり、好きな作家さんのガラスを飾ったり。宣伝活動のディスプレイとは違う、とても気軽な「飾り」。

百貨店の大きいショーウィンドーのディスプレイはやりがいがある一方、自宅のほんの小さな「飾り」は私に季節を感じさせてくれたり、好きなものを再認識させてくれたりしました。

そして、気がついたのです。仕事のディスプレイと、自宅の小さな「飾り」には、同じ意味や効果があると。仕事で培ったものを自然に家に取り入れている感覚があり、この小さな「飾り」には色々な可能性があるのでは……と思い始めました。飾ることで気持ちに変化が起こると感じたのです。

自宅を新築することになり、真っ先に思ったのは「飾るスペースを作りたい」ということでした。小さくてもいいから、とてもシンプルな、家の中のショーウィンドーのような場所。新しい家でも飾りを楽しんでいますが、それは以前の一人暮らしのマンションのときと同じ楽しさです。飾る場所は小さくてもいいし、工夫次第で作れるのだと感じました。

この本で、このことを詳しくお伝えしたいと思います。「飾る暮らし」について一冊の本が作れるなんて夢のようです。私がこれまでの経験で学んできた飾ることの意味、コツ、先輩方に教えてもらったことをお伝えできればと思います。

この本を手に取ってくださった方々に、飾ることを楽しんでいただければ嬉しいです。

みつまともこ

STOCKHOLM
A. V.
PARIS

ALGER
A. V.
PARIS
JERUSALEM
A. V.
PARIS
Silverstein The Missing Piece
Anu Tuominen thinkables
JEANINE BASINGER
A WOMAN'S VIEW
Collages & papiers japonais
NATIONAL GEOGRAPHIC NOVEMBER 1979
DICK BRUNA
MEER ZIEN SEE MORE

WINTER SECLUSION
RITUAL SPRAY

CONTENTS

# もくじ

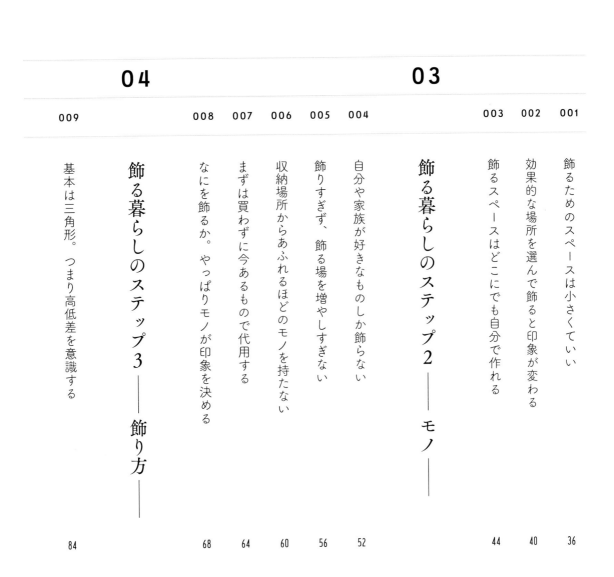

# この本の使い方

この本では、飾り方のノウハウやコツをセオリーとアイデアに分けて紹介しています。

PART01では、飾ることとはどんなことか、暮らしに飾りを取り入れるとどうなるかをまとめました。

まずはセオリーを知ってディスプレイの基本を押さえてから、実践例としてアイデアを参考にしてみてください。

## PART 02 - 05

ディスプレイのセオリーを、場所・モノ・飾り方・テーマの４つのカテゴリに分けて解説します。はじめのページでセオリーについて写真を添えて解説し、次のページからはセオリーを実践するときのコツやポイントを掲載しています。

THEORY
001
飾るためのスペースは小さくていい

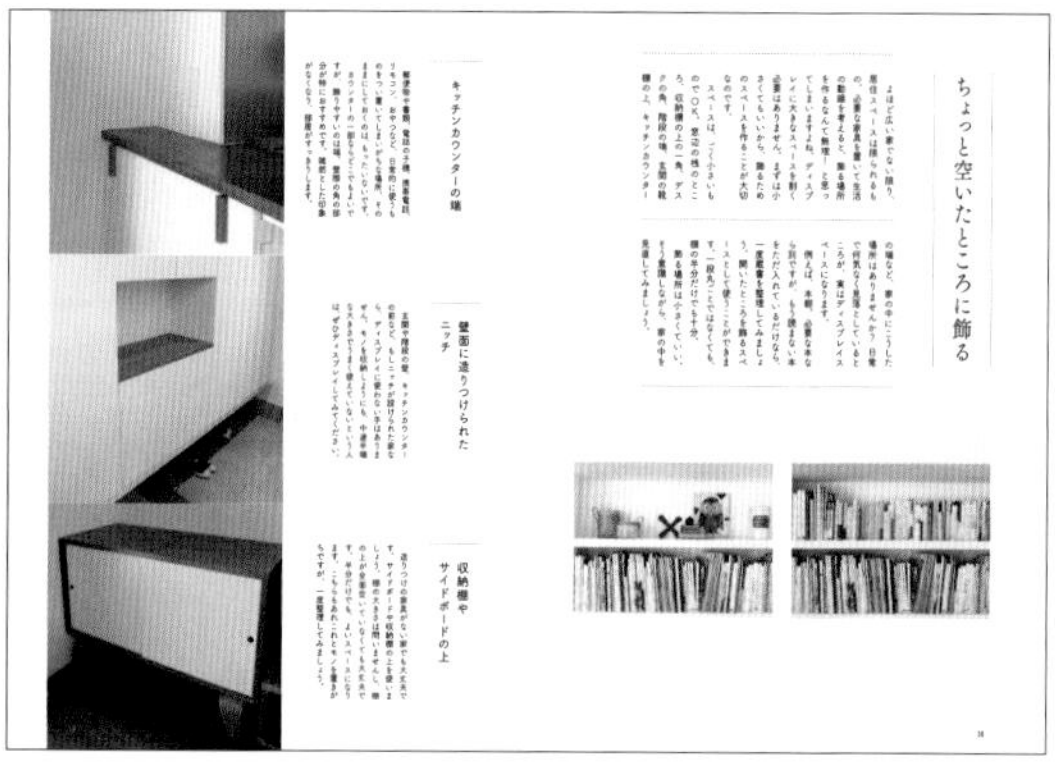
ちょっと空いたところに飾る

## PART 06

最後に、21のセオリーをふまえた飾り方のアイデアを季節ごとに紹介します。飾る場所、モノの選び方・組み合わせ方など参考にしてみてください。

春

# 本書内容に関するお問い合わせについて

このたびは翔泳社の書籍をお買い上げいただき、誠にありがとうございます。弊社では、読者の皆様からのお問い合わせに適切に対応させていただくため、以下のガイドラインへのご協力をお願い致しております。下記項目をお読みいただき、手順に従ってお問い合わせください。

## ●ご質問される前に

弊社Webサイトの「正誤表」をご参照ください。これまでに判明した正誤や追加情報を掲載しています。

**正誤表　https://www.shoeisha.co.jp/book/errata/**

## ●ご質問方法

弊社Webサイトの「刊行物Q&A」をご利用ください。

**刊行物Q&A　https://www.shoeisha.co.jp/book/qa/**

インターネットをご利用でない場合は、FAXまたは郵便にて、下記"翔泳社 愛読者サービスセンター"までお問い合わせください。
電話でのご質問は、お受けしておりません。

## ●回答について

回答は、ご質問いただいた手段によってご返事申し上げます。ご質問の内容によっては、回答に数日ないしはそれ以上の期間を要する場合があります。

## ●ご質問に際してのご注意

本書の対象を越えるもの、記述個所を特定されないもの、また読者固有の環境に起因するご質問等にはお答えできませんので、予めご了承ください。

## ●郵便物送付先およびFAX番号


送付先住所　〒160-0006　東京都新宿区舟町5
FAX番号　03-5362-3818
宛先　（株）翔泳社 愛読者サービスセンター


※本書に記載された情報は、2021年12月時点のものです。情報、URL、商品価格等は予告なく変更される場合があります。
※本書の出版にあたっては正確な記述につとめましたが、著者や出版社などのいずれも、本書の内容に対してなんらかの保証をするものではなく、内容やサンプルに基づくいかなる運用結果に関してもいっさいの責任を負いません。

※本書に記載されている会社名、製品名はそれぞれ各社の商標および登録商標です。

PART

01

# 飾り始める前に

まずは、飾ることについて考えてみましょう。

お店のディスプレイとの違いや、
飾ることが暮らしにもたらすものなど。
難しく考える必要はありません。

ぜひ飾ることの楽しさを感じてみてください。

# 「飾る暮らし」とは

「小さなスペースではじめる 飾る暮らし」とはどんなものでしょうか。

難しいことはなしで、じつは簡単に始められることです。

ちょっと意識を変えるだけで心地よい部屋になったり、生活シーンが素敵になったり。そういうことです。

飾ることによって気持ちも変わってくるかもしれません。

そして、ちょっとしたコツがわかっていれば、見映えよく飾ることができます。

それをこれから実践でやっていくわけですが、飾り始める前にお伝えしたいことがあります。「なぜ飾るのか」「飾るとどうなるのか」ということです。

そうすれば、PART 2から紹介する21のセオリーが、より意味のあるものになるはずです。

# 季節を感じ、飾りを楽しむ習慣

実家では年末に干支の色紙を替えたり、春に菜の花を飾ったり、夏になると部屋にゴザをしいたり、季節ごとにすることがありました。

決して飾りをまめに楽しむ家ではありませんでしたが、季節を感じる光景ではあったわけで、私の中に大きく残っています。

四季のあるところに住む私たちには、もともと季節を楽しむ心がありますね。

そして、床の間の文化があります。床の間は茶湯から生まれたものですが、床の間のしつらえで、季節感やその日のテーマなどを表現していたようです。まさにショーウィンドーのようなもの。もともと日本には飾る習慣があったことがわかります。

床の間の場所を考えると、部屋に入って目につく場所だと感じます。床の間を飾ることで、ただの部屋ではなく、お客様を迎える、見せるための空間になっている。

床の間があることで、部屋の空気がぱっと変わるのです。

現代の住まいに床の間は少なくなりましたが、「小さい床の間」＝「飾るスペース」は気軽に作ることができます。小さいスペースでよいのです。

私たちがもともと持っている飾る習慣。それは季節を楽しむ心、おもてなしの心。そうすることで自分もウキウキする、ということなのだと思います。

飾る習慣をつけるというと、難しく感じますが、まずは季節を感じて楽しむことを意識してみてください。

# お店のディスプレイはなぜするのか

お店にとってショーウィンドーは、季節の雰囲気を出せる場所。そして新しい商品をアピールできる場所でもあります。

お店のディスプレイは宣伝であり、お客様の目につくところがディスプレイの場所です。多くの方の目に留まることが、宣伝では一番大切だからです。

ショーウィンドーは人通りの多い大きな道に面していることが多いです。店内でも、通路に面したウィンドースペース、入ってすぐの場所、奥の棚の上、などがディスプレイポイントになります。

そこで表現するときは、バレンタインやクリスマスなどの季節行事に合わせて、その時期の新商品をアピールする、というのが基本です。

場合によっては季節感やお店のテーマだけを伝える、ということもあります。もし商品が同じであっても、季節感や雰囲気が変われば、新鮮に見せることができるからです。

つまり、お店全体が変わったわけではないけれど、ディスプレイされた部分を見れば、季節が変わっているので、お店全体が変わったように新鮮に感じる、という効果があるのです。

皆さん、街に出ると一気にディスプレイがクリスマスになっていて、ワクワクした経験があると思います。

お店全体を取り替えるのは大変なことですが、いくつかのディスプレイポイントをその時期に合わせて変えることで、新鮮なイメージを保つ、それがディスプレイの意味です。

目につく場所にディスプレイすると、より効果的になります。

# ディスプレイの効果を暮らしに取り入れる

お店と同じく、部屋の中で目につくところに飾る場所を作ってみましょう。そこを季節の草花やお気に入りのもので常にきれいに、新鮮に飾ったとしたらどうでしょうか。

家に来た人に、そこが一番に目に入れば、部屋全体が変わってなくても、自然と新鮮でよいイメージを持つことになります。毎日、すみずみまで掃除していなくても、飾る場所だけはきれいに保てばよいというわけです。

つまり、お店のディスプレイと同じ効果を、家に応用するのです。

場所が大きくなければいけないということではなく、その場所が目につくかどうか、が重要です。じつはスペースの大小は関係ないのです。

母がお花を必ず玄関先に飾っていたのはそのためだったんだ、とやっと気づきました。玄関はお客様の目につく場所の代表ですから。

# お店と暮らしとの違い

家とお店と違う部分は、ディスプレイを見せる対象がお客様ではなく、基本的には自分や家族であることです。部屋に一番長くいるのは自分や家族で、お友達やお客様が来るのはたまのことですよね。

なので、一番大切なのは、自分や家族が部屋によいイメージを持つことになり、居心地のよい家になる、ということです。

そのため、自分や家族にとって、目に入ると気持ちがウキウキするものを飾ることが原則です。ただし、お友達やお客様をお招きする日だけは、お客様の気持ちを優先させてもよいかもしれませんね。とはいえ、自分の家にお呼びするのですから、基本は自分の好きなものでよいと思います。

飾る場所だけをきれいに保てばよいといっても、部屋を掃除しなくてよいわけではありません。モノを整理し、掃除することは、心地よい部屋にする基本です。でも、ディスプレイを効果的に使えば、毎日隅々まで掃除しなくても心地よさを保てるというわけです。

# 飾る暮らしがもたらすもの

暮らしの中に、小さくても飾るスペースを作り、そこをきれいに保つ。飾ったものが、よく目につくようになる。それが習慣になったら、だんだんと心地よい部屋に感じてきます。

こんな気持ち的な変化もありました。

・「次は何を飾ろう?」と考えるようになる

・季節に敏感になる

・花屋さんで花を見る（買う）ことが増える

・きれいなものに敏感になる

・部屋をすっきりさせたくなる

・飾るテーマを考えるようになる

・（写真を撮って）SNSにアップしたくなる

・家族との会話が増える

・思い出をもっと大切にするようになる

……などなど。

飾ることを楽しむようになると、飾るもの選びや飾り方などを工夫するようになり、きれいなことに敏感になります。さらに、飾ったものについて家族と話すことで会話のきっかけにもなります。

例えば、子どもが赤ちゃんのときに履いていた靴など、思い出のものを飾るときは、家族と一緒に、そのことに思いを馳せ、心が温かくなります。

部屋が心地よい空間になるだけでなく、こうした新鮮な気持ちや意欲、温かさを飾る暮らしが知らず知らずのうちにもたらしてくれます。

飾ることで、暮らしのシーンが少しずつ鮮やかに変わってくるのです。

PART

02

# 飾る暮らしのステップ1

# 場所

飾ること、ディスプレイのセオリーを解説していきます。
はじめは、場所についてのセオリーから。

小さくてもいいから、効果的なところに飾る。

これが基本です。

THEORY 001

# 飾るためのスペースは小さくていい

## 広い場所がなくても飾る楽しみはしっかり味わえます

ディスプレイをする。壁を飾る。そう考えると、途端に身構えてしまいそうになります。ディスプレイのステージになるような棚を買わなければ！　飾ったアイテムが映える場所を作らなければ！　そんなふうに考えてしまう人も多いようです。「飾る場所なんて、うちにはない……」「もういろいろぎっしりで、そんなスペースはない……」なんて声も聞こえてきます。でも、飾ること、ディスプレイをすることをそんなに大げさに考える必要はありません。

棚を新しく買い足したり、大きな場所を空けるためにがんばったりしなくても、今の住まいの「どこか一角」で大丈夫です。

例えば、キッチンの窓前。いつもなんとなく、雑然とモノを置いてしまうなら、そこが絶好の飾り場所になるかもしれません。例えば、お客様用のイス。使っていないときは、壁際に寄せるだけで、そこが飾るスペースに生まれ変わります。

どんなに小さなスペースだって、今日から飾ると決めれば、そこがステージ。飾る楽しみは十分に味わえ、自分の気持ちも部屋の印象も次第に変わっていきます。

# ちょっと空いたところに飾る

よほど広い家でない限り、居住スペースは限られるもの。必要な家具を置いて生活の動線を考えると、飾る場所を作るなんて無理！　と思ってしまいますよね。ディスプレイに大きなスペースを割く必要はありません。まずは小さくてもいいから、飾るためのスペースを作ることが大切なのです。

スペースは、ごく小さいものでＯＫ。窓辺の桟のところ、収納棚の上の一角、デスクの角、階段の端、玄関の靴棚の上、キッチンカウンターの端など、家の中にこうした場所はありませんか？　日常で何気なく見落としているところが、実はディスプレイスペースになります。

例えば、本棚。必要な本なら別ですが、もう読まない本をただ入れているだけなら、一度蔵書を整理してみましょう。空いたところを飾るスペースとして使うことができます。一段丸ごとではなくても、棚の半分だけでも十分。

飾る場所は小さくていい。そう意識しながら、家の中を見直してみましょう。

## キッチンカウンターの端

郵便物や書類、電話の子機、携帯電話、リモコン、おやつなど、日常的に使うものをつい置いてしまいがちな場所。そのままにしておくのは、もったいないです。

カウンターの一部ならどこでもよいですが、飾りやすいのは端。壁際の角の部分が特におすすめです。雑然とした印象がなくなり、部屋がすっきりします。

## 壁面に造りつけられたニッチ

玄関や階段の壁、キッチンカウンターの前など、もしニッチが設けられた家なら、ディスプレイに使わない手はありません。モノを収納しようにも、中途半端な大きさでうまく使えていないという人は、ぜひディスプレイしてみてください。

## 収納棚やサイドボードの上

造りつけの家具がない家でも大丈夫です。サイドボードや収納棚の上を使いましょう。棚の大きさは問いませんし、棚の上が全面空いていなくても大丈夫です。半分だけでも、よいスペースになります。こちらもあれこれとモノを置きがちですが、一度整理してみましょう。

THEORY
002

# 効果的な場所を選んで飾ると印象が変わる

**一歩、部屋に入ったときに、視線が向かうところが、飾るべき場所**

商品が大きく入れ替わっているわけではないのに、いつも目新しい雰囲気を感じさせるショップ。その理由をひもといてみると、ウィンドウや入り口そばのテーブルなど、目につきやすい場所をディスプレイに活用していることに気がつきます。店全体は無理でも、ポイントとなる場所さえ飾り替えしていれば、いつでもショップに新鮮な空気感をもたらすことができるのです。

家でも同じです。目立つコーナーだけでもディスプレイ替えしていれば、大きな模様替えをしなくても、新鮮さが加わり印象が変わります。だから「パッと目をひくところ」を飾る場所に選ぶことが大切です。

基本は、部屋の入り口から見て、対角線上の奥。自然に視線が向かう場所なので、そこが心地よくキマっていれば、ほかが雑然としていても全体の印象はよくなりますし、ときどき飾り替えされていれば、全体がアップデートされた印象になるのです。

NGなのは、「空いている」という理由だけで場所を決めること。それでは、空きを埋めるということにしかならず、空間の印象を変えることにはつながりません。

# 視線の向かうところを考える

私の家では、リビングに入ったときに視線がいくところに飾り棚を作りました。この棚（41ページ）があるおかげで、ほかのスペースが多少ごちゃごちゃしていても、部屋の印象がよくなります。

このほかにも、部屋の動線を考えて2つ目、3つ目のディスプレイスペースを設けてもよいでしょう。部屋の中で飾りに使えそうなスペースを探すときは、ぜひ動線も意識して探してみましょう。

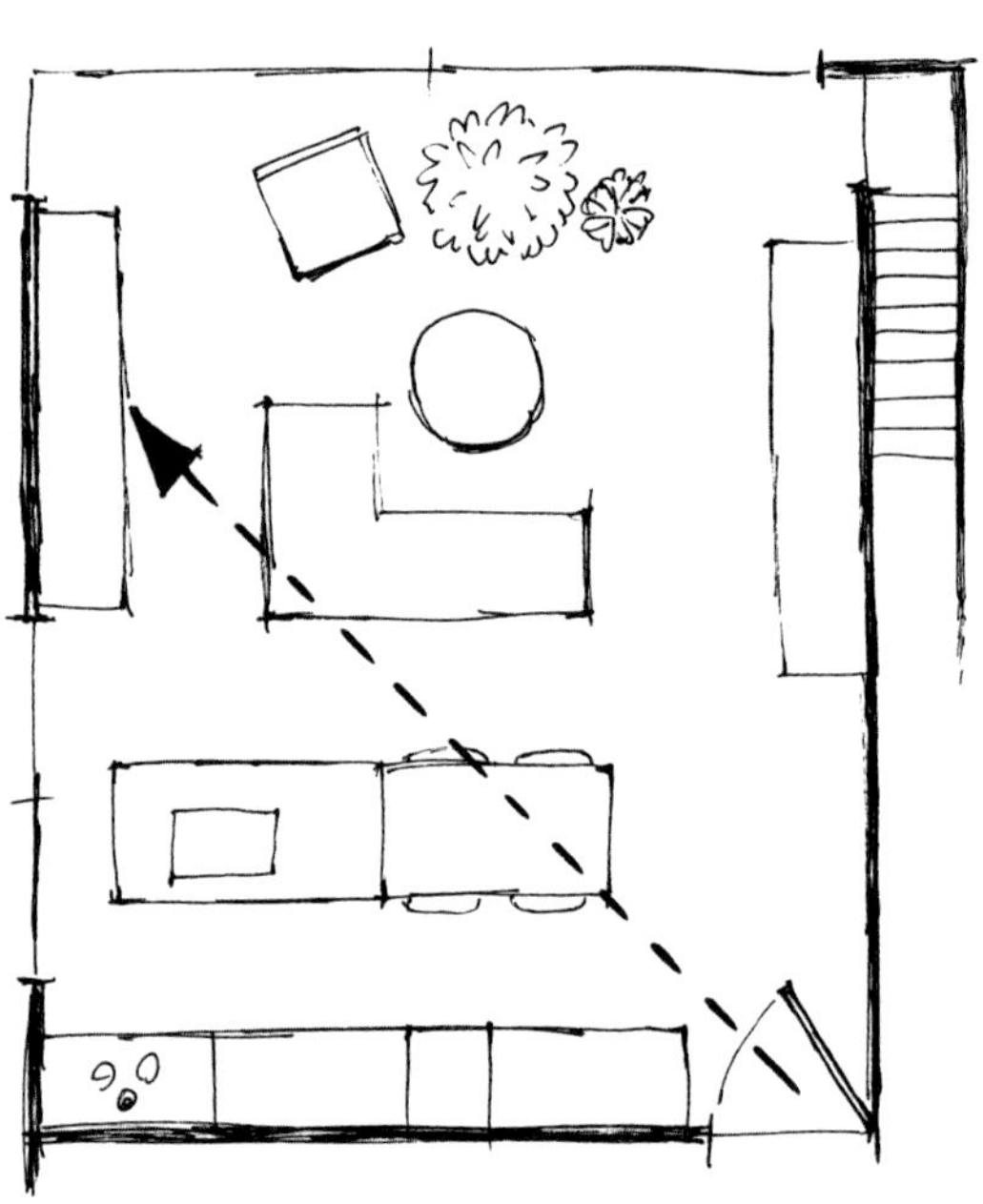

## 細長い部屋は入口の近くに飾っても

こちらの家はリビングが細長く、奥行きのある間取り。入口から見て対角線上の奥に視線がいきますが、結構な距離があります。

そのため、入口そばに置かれた棚にディスプレイしています。こうすることで、部屋に入ったときに目が向くポイントを作ることができます。

## セオリー通り、対角線上の奥は自然に視線が向かうところ

こちらの家では、セオリー通りの場所に飾るスペースを設けています。黒いテレビの画面の存在感が大きくなりがちですが、その横にディスプレイしていることで無機質な印象にならず、部屋全体がやわらかなイメージになっています。

## まっすぐ視線が向かうところにスペースを作る

こちらの家はリビングの真ん中に入口があり、視線が向かうのは、正面の窓と窓の間にある壁です。窓から見える木々の印象がありますが、白い壁だと味気ない印象に。

そこで壁に木の箱を取り付けて、そこにアートなどを飾っています。壁にただ絵を飾るよりも、箱の奥行きがあるため、平面的になりません。

THEORY 003

# 飾るスペースはどこにでも自分で作れる

## スツールひとつを置くだけでも大丈夫 自分自身で飾る場を作ってみて

セオリー2に従って、飾るべき場所を見つけても、モノを飾るステージになるような場がない、という状況はありえます。だからといって、そこには飾ることはできないと決めつけてしまうのはもったいないこと。飾る場所は自分自身で作り出せます。

例えば、壁に小さな棚を設置してみる。大きな穴をあけなくても取り付けられる製品が気軽に買える時代ですから、DIYも大変ではありません。ほかにも、イスやスツールの座面をディスプレイスペースにしてみる。「ここぞ!」という飾りたい場所に移動させるだけでいいから簡単で、思い立ったらすぐ実行できます。

すでに壁一面が本棚やシェルフなどで、埋まっているなら、その中にあるものをちょっとだけよけて、空きスペースを作り、飾るスペースにしてもいいのです。

要は、「床の間」みたいな場所を自分で作るということ。トレイや大皿、厚い本などをひとつ置いて、そこを飾る場所に見立てるだけでもかまいません。布をしく、かごを吊るす、箱を重ねるなど、場を作るためのアイデアは無限に広がっていきます。

# 視線の向くところに、小さなスペースを作る

## 人気の壁に付けられる棚

シンプルな棚、箱型のものなど、さまざまな種類が販売されています。奥行きはそれほどありませんが、好きな位置に取り付けられるのが◎。購入する前に自宅の壁に取り付け可能かを確認してください。

床にモノを置きたくない場合や、トイレや洗面所など狭いスペースに飾りたいときにもおすすめです。

## 家にあるスツールを活用

新しいアイテムを買わなくても、まずは家にあるものを活用してみましょう。普段使いのスツールでOK。片付けやすいので、来客時にちょっと玄関にディスプレイしたいというときなどに。

アロマキャンドルなど、フレグランスアイテムを飾って、見た目だけでなく香りも演出することができます。


スペースを作る際に一番簡単なのは、スツールやイス。家にあるものでよいので、部屋の視線がいくところに置いてみましょう。スツールは座面が平らなのでモノが置きやすく、初めての人でも使いやすいアイテムです。移動させやすいのも◎。

かごや箱は、床に置くだけでなく、軽いものなら壁にかけて使ってみてください。フレームのような役割も果たしてくれるので、ディスプレイにまとまりが出ます。

## 置くだけじゃない かごの活用法

浅めのかごを壁際に吊るして、スペースを作ります。我が家では天井のピクチャーレールに、透明なテグスなどをかけて吊るしています。かごの形は丸くても四角でも。

中に飾るものは、軽いものにしてください。今回は、クリスマスのオーナメントとドライのユーカリを飾りました。

## ワイン箱を二段重ねる

蓋付きのものは収納にしたり、おしゃれなインテリアアイテムとして使えるワイン箱。縦にして重ねて、棚のように使ってみましょう。シンプルですが、木の質感やロゴがアクセントになります。

下の段は収納として使って、上の段をディスプレイスペースにしても。

## 浅い木箱を壁にかけて

壁にかけるなら、浅い木箱がおすすめです。場所に合わせて大きさを選ぶとよいでしょう。アンティークのものだと、箱自体が飾りとして存在感が出ます。

取り付ける場合は、水平か確認し、しっかりと固定します。重いものを飾らないように注意。

PART

03

# 飾る暮らしのステップ2

# ―モノ―

次は、一番大切なモノのセオリー。

自分と家族が暮らす家のディスプレイだからこそ、
好きなものを飾りましょう。

素敵なイメージにするためのモノ選びと
モノとの付き合い方。

# 自分や家族が好きなものしか飾らない

**おしゃれかどうか、ではなく、眺めてうれしく感じるかどうか**

「なにを飾ればいいのかわからない」という声をよく聞きます。この答えはとてもシンプル。好きなものを飾ればいいんです。

家は、住人のための空間です。自分の家だから好きに飾ればよく、第三者の視点に気兼ねをしながら、飾るものを選ぶ必要はありません。子どもの作品だって、コレクションしているお酒のボトルだって、好きだと思うならぜひ飾ってください。

逆におしゃれに見えるのかどうかという視点だけで、飾るものを選ぶのは危険。単に流行しているもの、つまり知らない誰かがいいと思っているものを並べただけの部屋になってしまいます。いくらおしゃれに見えても、とくに好きではなく、思い入れもないものが飾られている空間ではワクワクしませんし、心地よくもなりません。

飾るという行為は実用ではないからこそ、精神面がとても大切です。自分たちが日々の暮らしの中で眺めて、気持ちが上がるもの、うれしくなるものを飾りましょう。

つまり飾ることの第一歩は、「自分はなにが好き？ 家族はどう？」と考えるところからスタートするのです。

# 好きなものなら、こんなモノも飾れる

オブジェや絵、人形など、飾るためのモノがないといけないと思っていませんか？自分が好きなものなら、何でもディスプレイに使うことができます。

普段何気なく買っているものには、あなたの好みが反映されています。お気に入りのパッケージやカップ、集めているショップカード、子どもが小さいときに履いていたお気に入りの靴など。

誰かに気兼ねする必要はありません。自由に飾ってみましょう。

## 箱

お菓子やキャンドル、食器、お茶など、素敵な商品は、箱も素敵なものがたくさん。なかなか捨てられません。土台になったり、細かいものを入れながら飾ることができたり、用途は無限。ただし、かさばるのでむやみに取っておかないことが鉄則。厳選して残しましょう。

## カップ＆ソーサー

ほかのものをカップに入れたり、ソーサーにも置いたりできるので、じつは飾りやすいアイテム。アンティークのものや、デミタスの小さいカップなど、私は食器としてではなく飾り用に買うこともあります。

## ワイン

ラベルのデザインがいいワインは、開けるまでキッチンのコーナーに飾っておきます。お客様を呼ぶ日にはテーブルの上にグラスと一緒に飾っておいても、素敵な演出に。

## 石鹸

かわいい外箱はもちろん、石鹸自体の色や形が素敵なものも。使う前にしばらく飾って、香りも楽しんでから使います。

## 糸・糸巻き

質感のある麻の紐や、きれいな色のコットンの糸など、糸は素敵なものがたくさん！糸巻きに巻かれているものや、糸巻きだけも飾りやすいです。自立する糸巻きは台として使えたり、色味が欲しいときの差し色になったり、なにかと活躍してくれます。

## ショップカード

海外でも日本でも、飾りたくなる素敵なショップカードってありますよね。グラスにさりげなく入れたり、マスキングで壁に貼ったり。小さいので飾りやすいのも◎。

## 靴

子どもの小さい靴は、ミニチュア感があってかわいい飾りになります。特にベビーシューズなど、初めて履いた靴は思い出とともに残して、ぜひ飾ってください。

## かごバッグ

小さめのかごバッグは、中にモノを入れられて、高さを出すこともできるので、重要なアイテム。天然素材のかごはもちろん、ビニール製のカラフルなベトナムのかごなどもキッチュでかわいい。

## 石

自然にできた形が、和やかな雰囲気を作ってくれます。色はどんなものでもOK、何種類かあると組み合わせて飾りやすいです。

# 飾りすぎず、飾る場を増やしすぎない

## 飾りすぎると収納に見えます 映えさせたいなら余白を意識して

視線が向かう場所に、好きなものを飾る。この2つのセオリーは守っているのに、なんだかどこか垢抜けないと感じるなら、「飾りすぎ」を疑ってみましょう。

例えば、好きで集めているお酒のボトル。持っているものをすべてずらっと並べてしまうと、他人からはボトルがただ収納されているだけのように見え、部屋全体がごちゃっとした印象になることもあります。

もちろん、収納なら収納でかまいません。でもその場合は目立ちにくい場所に。目立つ場所に飾っているなら、ある程度の余白やすっきり感が必要なので、「飾りすぎないこと」をいつも心に留めます。

つまり、好きなものであっても、全部飾るのは避けたほうがいいということ。余白を作るためには、一部は収納場所にしまって次のディスプレイ替えまで出番を待つというローテーションで考えましょう。

飾るスペースを増やしすぎるのもNGです。見るべきところが増えすぎて、やっぱりごちゃごちゃした印象につながります。場を絞ることも、ディスプレイを活かし、心地よくさせるための大きなコツです。

# ただ並べるだけでは、ディスプレイにならない

好きなものを飾るとき、ついやってしまいがちなのが、集めているものをそのまま並べること。お気に入りのかわいいオブジェや人形を買い足すたびに追加して、コレクションをすべて飾っていませんか？

いくらモノがかわいくても、これはNGです。ディスプレイとはいえません。自分としては新しいものが増えていくことで見た目が変化しているつもりでも、季節感も出ませんし、いつも同じ雰囲気に見えてしまいます。

好きなものだからこそ、ただ並べるのではなく、きちんと飾りましょう。次のページでは、ディスプレイとして飾るためのコツを紹介します。

## 飾るものを厳選して組み合わせる

お正月に合わせて、コレクションから飾る和風のものを中心に選び、麻紐や布などほかのものと組み合わせて飾ります。こうすることでスペースに余白が出ますし、季節感が出ます。

## コレクションを並べた状態

ダーラナホースや民芸品など、馬がモチーフの雑貨をコレクション。個々のモノはかわいいし、種類もさまざまでとてもにぎやかですが、雑然とした印象に。並べ方を変えたとしても、ほとんど変化は出せません。

## 収納と飾る場所を分ける

まず大切なのが、収納と飾る場所は分けること。モノに限らず、飾らないものは収納場所にしまっておきましょう。

しまう場所がないというときは、かわいい箱など、それ自体を飾れるものに入れること（118ページ参照）。

## 飾るものを一度間引く

せっかく飾るものを選んでも、多すぎてはダメです。なんとなく配置してみて、少し距離を取って眺めて、モノを間引いて減らしましょう。ディスプレイが締まり、より素敵になります。

## 一度ゼロの状態にする

ディスプレイを変えるときは、個々のモノを入れ替えるのではなく、モノを全てなくしてゼロの状態にします。一部を入れ替えるだけでは、あまり変化が出ませんし、徐々にモノが増えていってしまうことも。しまう際にホコリを取るなど、お手入れすることも重要です。

# 収納場所からあふれるほどのモノを持たない

## 家全体のモノの量が多いと、結局ディスプレイが破綻します

ディスプレイを心地よく感じさせるためには、家に置くモノの全体量を増やしすぎないことも大切です。飾らないものは収納扉の中や別の部屋に隠せばいいから、持っている物量自体は無関係では？ と思ってしまいますが、密接に関係しています。

ディスプレイをしたその一瞬は、とりあえず、ほかのものをどこかに押し込んで、体裁を整えることはできます。でも、物量が適正ではないと、いつのまにかモノが収納場所からあふれ、はみ出してきます。結果、最初は意識して作った飾るスペースの余白に、徐々に不要なものが置かれ、ディスプレイを破綻させるのです。こうなると、せっかくよい感じに飾っても、モノが活きず、まったく素敵になりません。

つまり飾るためのノウハウさえ身に付ければ、よい感じの空間になるわけではなく、モノがはみ出してこないように、家全体にあるものをいつも適量にしておく必要があるのです。買ったら減らす。使わなくなったら減らす。これの繰り返し。モノの量と定期的に向き合うことは、ディスプレイの質を上げる大切なセオリーのひとつです。

## モノの規定量を作る

限られた居住スペースをどう活用するか。我が家も例外ではありません。私はそれぞれの収納スペースに入るだけしか持たないようにしています。例えばワイングラスなら、この棚に入る分だけ。入りきらないときは、減らすものを考えます。

## 好きなものだからこそ、無駄にしない

手放すことが決まったものも、お気に入りです。ただ捨てるのはもったいない。かごなどに手放すものを入れて、「ご自由にどうぞ」とメモを付けて玄関などに置いておきます。来客時などに見てもらって、縁がある方に譲ります。

# ディスプレイは余白が大切

ミニマリストにはなれませんが、すっきりした部屋には憧れます。自分のものだけでなく、家族の持ち物もあるのに、収納スペースは限られていますよね。

部屋の飾りが活きるのは、適切な余白があるから。収納スペースからモノがあふれ、ディスプレイスペースにまで進出していると、せっかくの飾りも素敵に見えません。

1年に一度、季節の変わり目などに定期的にモノを見なおし、不要なものは減らすことにしています。61ページの写真のように、特に子どもの衣類は季節ごとに確認して、お気に入りでもサイズアウトしたら手放します。

# 自分の適正量が保たれているからこそ、飾りが映える

雑貨やインテリアが好きで、職業柄もあり、私はモノをたくさん持っています。ですが、部屋を素敵に飾りたいからこそ、適正なモノの量をキープするようにしています。

また、歳とともに好みも変わっていきます。以前は好きだったものが、気に入らなくなることもあります。同じものを持ち続ける必要はありません。自分の好きなものを飾るからこそ、「今なにが好きなのか」を定期的に確認して、それ以外の不要なものを手放す必要があるのです。

# まずは買わずに今あるもので代用する

**飾るために買うのではなく、持っているもので工夫することから**

せっかく飾ることを楽しもうとしているのだから、素敵なものをいろいろ揃えて、飾ってみたいと思う人が多いかもしれません。でも、ディスプレイは、一度飾ったら長期間そのままにしておくわけではなく、季節やイベントごとに飾り替えをしながら楽しむもの。そのたび新しいなにかを用意していては、モノが増えるばかりです。

モノを増やす代わりにすべきことは、今持っているものを見回し、活用できるよう工夫していくこと。例えば、ケーキスタンドを使った飾り方が素敵だなと思ったとします。でも、ケーキスタンドを買うところから始めようと短絡的に行動するのはNGです。ケーキスタンドの魅力は、飾る場に高低差を作り、ちょっとしたステージになってくれること。それなら家にある皿とボウルを重ね合わせれば同じような役割を果たしてくれます。同じようにキャンドルスタンドがないとします。やっぱりすぐにスタンドを買うのではなく、家にあるもので代用できないか、見回してみましょう。家にあるワイングラスをひっくり返してみたら、ぴったり！　ということもあります。

# まずは持っているもので工夫する

モノの適正量をキープするためには、モノを増やしすぎないことが必須。お気に入りのものが見つかったら欲しくなりますし、あるとディスプレイに便利なものもありますよね。

　でも、あれもこれも買っていたら、モノは増えていく一方です。素敵に飾りたいという気持ちはわかりますが、まずは新しいものを買うのではなく、今持っているものでディスプレイを楽しんでみてください。意外に代用できるものはたくさんあります。

ディスプレイは高低差をつけると、素敵に見えます。ケーキスタンドや高脚の器、三方などがあると便利。よっぽど気に入ったものがあり、よく使うということなら別ですが、ディスプレイのために買う必要はありません。

木のお椀を２つ組み合わせて、高さを出します。ひとつを伏せて置き、底の部分に両面テープを貼って、もうひとつを上に重ねるだけ。底の部分が平らで安定感があれば、お椀とプレートなど、異なる形でも大丈夫です。

同じアイデアでも、ガラスの器を使うとイメージが変わります。直線的なフォルムと質感で、硬質できりっとした印象に。この場合は、グラスを置いたら、口の大きさと底の直径が合うリム付きの皿をのせるだけ。

## かわいいパッケージを鉢カバーに

バターが入っていた木のパッケージをそのまま鉢カバーにしました。中身の鉢植えは、黒いビニールポットそのまま。中に小皿や紙などを入れて、水が漏れないようにしています。紅茶缶でもかわいくできますよ。

## ワイングラスを逆さにしたキャンドルホルダー

脚付きのワイングラスを逆さまに立てるだけ！ プレートの部分にキャンドルをのせてキャンドルホルダーに。高さの違うグラスを使って高低差をつけたり、形を不揃いにしたりするのがおすすめ。キャンドルの色は季節に合わせて変えて。トレーなどにのせるとまとまりが出ます。

## 透明なガラスの花瓶をフォトフレームにする

ガラス製の花瓶は、フォトフレームとしても使える優れもの。写真が入る大きめのものがおすすめですが、写真をプリントするときにサイズを花瓶に合わせても。丸い花瓶でもOK。色付きのガラスも素敵ですが、透明のものがフォトフレーム感は出ます。

# なにを飾るか。やっぱりモノが印象を決める

## 飾り映えする定番アイテムからトライすると、失敗知らずです

棚にどう配置するかなど、ディスプレイのテクニックさえ磨いたら、おしゃれな飾り棚に必ずなる。そう断言できたらよいのですが、飾り方だけでなく、「なにを飾るか」もとても重要です。とくに、少ないアイテムでディスプレイを完成させる場合、ひとつひとつのモノの存在感はさらに大きくなります。つまり飾っているものが、ディスプレイの印象を作るのです。

もちろん、セオリー4でお伝えしたように、好きなものを飾ってかまわないのですが、「選んだアイテムがディスプレイ全体のイメージを作ってしまう」ということは意識して、飾るものを選びましょう。

いろいろな形や色のあるキャンドル、光の反射が美しいガラス製品、下にしくことでバランスを整えてくれるカッティングボード、そして、佇まいがよく、置くだけで雰囲気作りに役立つかご。これらはディスプレイに使うと飾り映えする定番のアイテムです。まずは、この中から、好きなものを選んでみると失敗しにくくなるはず。ほかには、花瓶、動物モチーフ、エアプランツ、フォトフレームなどがおすすめです。

AMBER & MOSS
SOY CANDLE
CLEANING HINTS & TIPS

# 好みは変わる。だからこそ、今好きなものを取捨選択していく

小学校の合唱団の合宿、みんなはリュックのところ、私は大きいバスケットを持っていきました。その頃からのかご好きです。ガラスもずっと好きで、小さい頃からサラダをこれで食べたい、というお気に入りのガラスの器がありました。

自分の好きなものがあって、使ったり眺めたりすると嬉しい、楽しいと思えるのは幸せなことだと思っています。でも、年齢を重ねるうちに、それら全てをずっと持ち続けることはスペース的に無理だとわかってきます。そして、好きなものは変わっていく、ということも。

年齢とともにいろいろな経験をし、自分の考えや好みがだんだん変わっていき、それに合わせて好きなものも変わるのは当然です。今の自分はこれをまだ好きか、と考えて取捨選択をしていくことがとても重要だとわかりました。

今の自分が好きなものだけをそばに置く。それがモノと関わっていく基本です。

そのモノが好きかどうか真剣に考えることで、自分の好みを再確認できます。厳選した好きなものだけを持って、家を常に風通しのよい空間にすること。それがとても重要で、飾る暮らしには絶対に必要な考え方です。

でも、小学校で合宿に持っていったバスケットはまだうちにあります。今の自分もまだ好きなものなのです。

次のページから、私が好きで、飾り映えのするアイテムを紹介します。モノ選びの参考にしてみてください。

## キャンドル

カラフルで形もいろいろ、香りのよいものもあり、火をつければ安らぎの空間になります。テーブルセッティングやクリスマスシーズンなど、ディスプレイには欠かせないものです。

私は何にでも合わせやすいシンプルなもの、色味のきれいなものを選んでいます。キャンドルを飾るときは、新品でもよいのですが、ろうが溶けた雰囲気がとても好きなので、私は使ってから飾ることが多いです。

キャンドルスタンドや受け皿の合わせ方でも見映えが変わってきます。色のアクセントになったり、高さを出す重要な小物になったり。飾る暮らしに、キャンドルを取り入れることをおすすめします。

## ガラス

私の飾りには欠かせないガラス。透明なので中に入れたものもしっかり見えるし、光を受けて輝く姿は、飾り全体を美しく見せてくれます。

ガラスを飾る、といえば花瓶が一番使いやすいと思いますが、じつはどんなガラスでも花瓶の代わりになります。作家さんのグラス、小鉢などは形そのものが美しいので、少しお花を入れるだけで美術品のような雰囲気に。

ガラスは洗えるので、飾った後にしっかり洗えばOK。飾りにどんどん使って、お気に入りのガラスをもっと楽しみましょう。

## カッティングボード

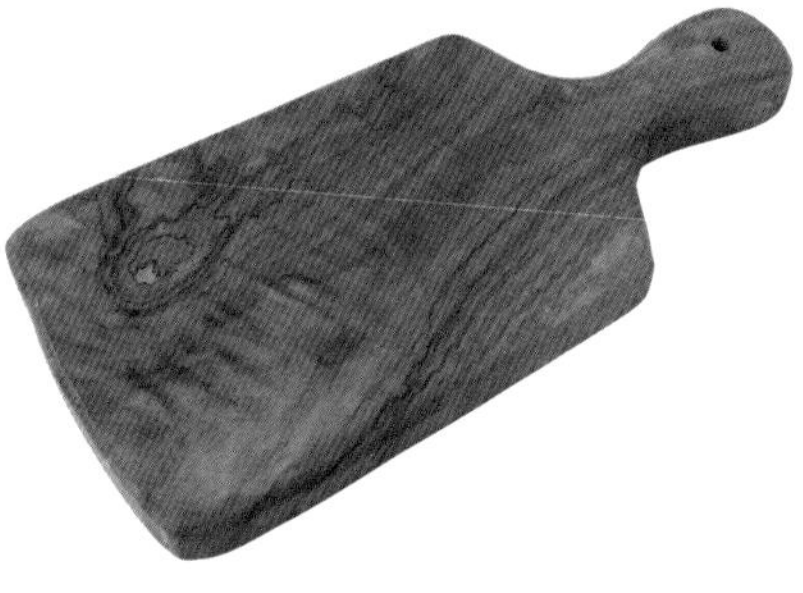

パリのレストランでカッティングボードの上にどさっとのったサラダが出てきて、素敵で感動したことがあります。その頃からのカッティングボード好き。木の種類や形、仕上げの仕方などでいろいろありますが、私は木目の美しさや、使いやすそうな形で選んでいます。

食卓で使いたくて集め出したカッティングボードですが、飾りにもとても使いやすいことがわかりました。飾りの台として、これが入るとまとまるのです。まだ持っていない方は、大中小の大きさから揃えてみてください。

## かご

世界各地、日本各地で作られているかご。いろいろなかごを買ってきましたが、近年では、その土地ならではの素材や編み方のものを選ぶようになりました。

例えば、リンゴを入れるかごは、通気性や持ち運びやすさなどを考えて作られています。自然と生活に根付き、洗練された美しい形になっているように感じます。旅行では、その土地のかごを調べていくようにしています。

飾りに使いやすいのは、スペースを選ばない比較的小さいもの、台にもなる平らなもの、高さを出しやすい持ち手のあるものなど。ですが、大きいかごは吊るしてもいいし、工夫次第でどうにでも飾れます。しまっておかずにどんどん使ったほうがよいので、積極的に飾りに取り入れましょう。

## アロマグッズ

何を飾ればいいか迷ったときは、アロマグッズが大活躍。きれいなパッケージのものが多いので見映えがして、よい香りがするので空間の演出にひと役買ってくれます。玄関に素敵なディフューザーを飾れば、見た目もよく、香りの演出にもなるわけです。

ディフューザーは、飾りに高さを出したいときに重宝します。また、香水やポプリ、アロマオイルポットなどもおすすめ。強い意味を持たず、飾っていてもその場に馴染むのがアロマグッズのよいところです。

## 洋書・ポストカード

テーマのある飾りでは、写真や絵などビジュアルを使ったものが重要です。写真を飾るのももちろんよいのですが、絵本や洋書の表紙、ポストカードを使うとカジュアルにまとまります。

子どもが小さい頃に好きだった思い出の絵本、お気に入りの洋書、各地のポストカード。旅先では、美術館やお店のDMやチラシなど、デザインが素敵なものを集めるのが好きです。

洋書は重ねて高さを出す台としても、なくてはならないものです。

## 動物モチーフ

目が合うとクスッと笑ってしまう、愛嬌を加えてくれる動物モチーフ。飾りの中に目のついたものがあると、人の目を引くという点もあります。

実家から連れてきた愛着あるカバ、旅先で出会ったリスや羊やラクダ。ぬいぐるみなどの動物モチーフはかわいらしさがあり、子どもっぽくなることもあるので、少し大人っぽいシンプルなものを選ぶのがコツ。合わせるものを選ばず、飾りやすくなります。

## ドライフラワー・エアプランツ

水なしでそのまま飾れるドライフラワーとエアプランツは、置くだけでナチュラルな雰囲気を出してくれる便利なもの。飾りには欠かせません。

場所を選ばず、本の上にポンと置いてもOK。同じくドライの実やプリザーブドフラワーの紫陽花なども、とても便利でよく使います。

ドライフラワーは生花を乾かして自分で作ることが多いのですが、市販でも素敵なものがたくさん。小さめのブーケにまとめておくと使いやすくて◎。

エアプランツは、思っているより水を好みます。まめに給水して、きれいなグリーンを保ちましょう。

## フォトフレーム

木製・金属製・プラスティック製のものなど、素材はさまざま。中に入れたビジュアルを引き立たせる、シンプルなものを選んでいます。

木製は木の雰囲気が重要なのでアンティークショップで買うことが多いです。

フォトフレームは基本的に自立するので、壁がない場所にも飾れるのがよいところ。枠だけを壁に立てかけて使うのもおすすめです。フレームの中に視線が集まり、飾りがすっきりまとまる上級者テクニックです。

## 花瓶

円筒形などのシンプルな形は、花を挿すときには使いやすいのですが、飾りに使うものは、花瓶の形自体が美しいものを選ぶようになってきました。

高価なもの・安価なものを織り交ぜて、花を入れずに飾っても素敵なもの、という基準で選んでみましょう。花を入れても入れなくても飾ることができるので、アイデアが広がります。

CONTRAST

The Magpie &

PART

04

# 飾る暮らしのステップ3

# 飾り方

場所とモノが決まったら、いよいよ飾り方。

ディスプレイは難しくありません。

3つのテクニックを組み合わせるだけです。

覚えてしまえば、あとは実践あるのみ。

# 基本は三角形。つまり高低差を意識する

**高さのあるもの、ないものを組み合わせて、メリハリを作ります**

汎用性あるディスプレイの基本テクニックとして最初に覚えたいのが、三角形を意識して飾ること。これさえ押さえればバランスよく飾れるので、ディスプレイにおける王道テクニックといえます。三角を思い浮かべながら配置していくだけと、とても簡単なのにディスプレイが単調にならず、メリハリがつき、自然にまとまります。

意図するところは、飾るものの高低差を意識するということ。高さのあるものをひとつ入れ込み、そこを頂点と考えて、ほかのものを配置していきます。三角形は、縦長でも横長でも、きれいな二等辺でも、変形でもかまいません。また、壁にかけたものを頂点と考えてもいいので、必ずしも背の高いものでなくてもよく、高い位置に視点のいくものと、低い位置に視点がいくものを混ぜて飾るということが、この三角形テクの要点といえるかもしれません。

わかりやすく、練習にもなるので、まずは3アイテムを飾るところからスタート。そのとき、それぞれのものを離して配置するのではなく、少しずつ重なるよう置くと、1つのディスプレイとしてまとまります。

SYMBOL OF MANKIND AND HOPE
DAY OF
ISSUE
FIRST DAY OF ISSUE

# 全体のシルエットが三角形になるように

モノを置く場所に合わせて、全体のシルエットが三角形になるようにします。はっきりした頂点がなくても大丈夫です。高さの違いを出して、メリハリをつけることを意識して配置しましょう。

きれいな三角形にならなくてもOKです。背の低いアイテムを組み合わせた三角形。片方の端にまっすぐな円筒形のものを置いて、直角三角形に。背の高いアイテムを使った細長い三角形。場所に合わせた三角形を作りましょう。

P85の写真では、フォトフレームを真ん中に置いて高さを出しています。左右に置くものは、高さが同じにならないようにするのがポイント。

## 低い三角形

背の低いアイテムを組み合わせた三角形。一番高いところはどこに持ってきてもよく、飾る場所やモノに合わせましょう。ここでは右側を一番高くし、酒器の注ぎ口と植物の葉のラインを揃えてリズムを出しています。この場合は、アイテムの形を活かすため、重ねずに置いてみました。

## 直角三角形

左右のどちらかに頂点を作り、まっすぐな形のアイテムを飾りました。カウンターの角や棚の端などに合わせると、すっきりした雰囲気に。ひとつのモノで高さが足りないときは、ほかのものを重ねて高さを出すこともできます。クッキーのパッケージの下に豆皿を重ねて。アイテム同士は重ねずにすっきりと並べています。

## 縦長の三角形

高さのある空間には、ぜひ縦長の三角形を。細長い形のものを組み合わせて伸びやかに。キャンドルや花器が使いやすいです。右側のツリーはもう少し高さを出したかったので、ガラスの小鉢を逆さまに置いて台にしました。

# リズムよく、均等を意識して横に並べる

## 似たような雰囲気のものをいくつか並べたいときにおすすめ

セオリー09で、三角を意識することが汎用性の高い基本テクニックと伝えていますが、ここで紹介する飾り方は、その基本からするとイレギュラーです。三角形を意識するのは、どんな場所にも応用がきくテクニックですが、均等に並べる飾り方は、横長で、奥行きが浅い棚など、少し限定されたスペースに向いています。腰高窓の桟などにも使える飾り方です。

同じものや、似た雰囲気のものをリズムよく、あえて少し単調に、モノ同士が重ならないことを意識しながら並べるのがコツです。モノのまわりに余白を作るシンプルな飾り方なので、飾るアイテムをしっかり見せたいというときにもおすすめ。連続させることの美しさを楽しむ飾り方なので、高さだけでなく、素材や形なども揃っていたほうが、よりこの飾り方が生きます。

飾りたいアイテムの中に背の高いものがなく、高低差を出しにくいときは、この均等を意識した飾り方のほうがまとまりやすくなります。三角形のテクニックがうまくはまらないと感じた場所やアイテムのときに、トライしてみましょう。

# どこかに共通点のあるアイテムを使って

並べるテクニックに欠かせないのは、モノ同士に共通するイメージ。まったく同じアイテムを揃えなくてもよいので、質感や形、色など、どこかに統一感をもたせるようにしましょう。

同じアイテムを揃えたいときにおすすめなのが、セールのときにまとめ買いすること。じつは、89ページの写真で使っているのはIKEAで買ったガラスの花瓶。セールで100円もしないときにまとめ買いしたものです。もちろん、色や形などは気に入ったものを買っていますが、安く手に入るときに買うと揃えやすいです。

## 間隔をあけずに並べる

p89の応用で、間隔をあけずに並べました。横幅があまりない場所に向きます。それぞれに花を入れることで、全体のシルエットが大きくなり、大きな花器がなくても存在感が出ます。

## 均等に間隔をあける

p89の写真では、同じ花器を均等な感覚で並べました。リズムよく並んでいてシンプルな美しさがあります。大きな花を1輪ずつ入れて、動きを加えてみました。

## まとめて置く

こちらもイレギュラー。4つの花器を中央にぎゅっとまとめて並べました。こうすることで、大きな花器の代わりになります。ひとつひとつは小さなものでも、まとめることで全体を大きく見せることができます。かすみ草などの小花をわさっと入れるとかわいい。

## 2個ずつ並べる

イレギュラーですが、並べ方のバリエーションを紹介します。モノ同士が重なっていますが、考え方は同じ。
2個ずつ組み合わせた並べ方です。重ねた部分ができることで、リズムに変化をつけることができます。前後に重ねているので、奥行きも出ます。

## 色違いで並べる

同じ種類のキャンドルを色違いで並べました。形や質感は同じですが、色が異なることで奥行きを出すことができます。写真では近い色を組み合わせましたが、まったく異なる色を使ってもよいでしょう。

## 異なる形と質感で

ガラスと陶器という、形・色・質感が異なるものを組み合わせました。それぞれ2つずつ使い、高さを揃えているので、統一感が出ます。4つ同じものはないけど、2つならあるというときに。高さや大きさが異なる組み合わせでも、意外とまとまります。

## シリーズの統一感を使う

同じブランドやシリーズのものには、デザイン的な統一感があります。まったく形や色が違っていても、まとまりが出ます。同じものがないというときでも、同じシリーズのものを使って並べてみましょう。

# なにかにのせ、飾るための舞台を確保する

**のせるだけでゾーニングされるので、ディスプレイがまとまります**

実際にモノを飾ったときに、ちょっとぼんやりした印象になったと感じたら、トライしてみたいのが、飾りたいものを「なにか」にのせるというテクニック。これだけでディスプレイがぐっと引き締まることに気がつくはずです。

おすすめなのは、トレイやカッティングボード、箱。そして本や布も活躍します。これらにのせることで、「飾るスペースはここ!」と、視覚的にゾーニングされ、飾るための舞台が確保されます。期待できる効果は、バラバラなものたちが、ひとつのディスプレイとしてひとかたまりに見えるということ。一気にディスプレイコーナーとしての一体感が生まれるのです。

さらにその舞台の高さを上げていくと、印象をもっと変えられます。本や箱を積み重ねたり、そこにトレイをのせたり布を垂らしたり。いくつかのモノを重ねて高さを出すと、全体のボリュームがアップし、見映えがしてくるはずです。とくに飾りたいものが小さいときに有効なアイデアで、こぢんまりしているものも、舞台にのることで存在感が増すのです。

Anu Tuominen thinkables
Silverstein The Missing Piece HarperCollins
CATHERINE INGRAM
PETER ARKLE
This is Pollock
MY BOOK HOUSE
OLIVE BEAUPRÉ MILLER
Kristina Wängberg-Eriksson / Josef Frank · Textile Designs

# 飾るものたちにステージを作る

なにかにのせることで置いたものにまとまりが出て、一気にディスプレイに変わります。93ページの写真では、洋書をたくさん重ねていますが、布やトレイなど高さのないものにのせてもよいです。空き箱など高さのあるものでもＯＫ。２～３個重ねて、さらにいくつか重ねて使ってもよいです。

トレイなど専用のものがなくても大丈夫。ハンカチなどの布製品、カッティングボード、プレート、鏡、本、空き箱、缶詰などのかわいいパッケージなど。平らで上になにかのせられるものは、なんでも使ってみましょう。

まずは家にあるお気に入りの食器やカッティングボードなどを使ってみましょう。かわいいデザインの缶や箱もおすすめです。

## 1つだけ重ねる

一番手軽なのが、1つだけ重ねてのせること。写真では、カッティングボードに大ぶりのガラス花器と石のオブジェ、木の実をのせました。まったく大きさの異なるものの組み合わせですが、カッティングボードにのせることでまとまっています。

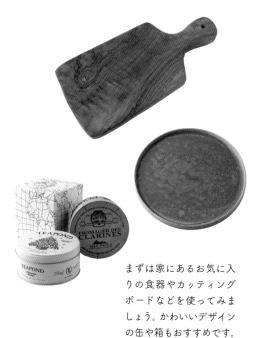

## 2つ重ねる

次は同じものを2つ重ねてみました。これはプレートの空き箱です。かわいく丈夫な箱なので、とっておいてディスプレイに活用しています。ちょっとずらして重ねることで、単調になりません。もちろん、モノによってはきちっと揃えて重ねるのもありです。

## 3つ重ねる

重ねているのは、じつはオイルサーディン缶。食べる前にキッチンに重ねて、ディスプレイを楽しんでいます。同じ缶を3つ重ねて、まとまりと高さを出しました。横から見ると、金属の質感で硬質さを加えてくれて◎。ストック食材でもディスプレイに使えるんです！

THEORY 012

# 場所に合わせて3つのテクをミックスする

## 3つのテクを組み合わせればどこでも、センスよく飾れます

三角形を意識する、横にリズムよく並べる、そして、なにかにのせる。紹介した3つの飾り方は、ディスプレイをセンスアップさせるための基本のテクニックです。あとは、スペースの大きさと飾るアイテムとのバランスを見ながら、この3つを組み合わせていけばよいだけ。つまり、センスよく飾るために覚えるべきテクニックは、たった3つだけなんです。

小さいスペースなら、全部を取り入れる必要はありませんが、広くなってきたら、組み合わせることでディスプレイは自由に広がっていきます。組み合わせることで、よりボリュームのあるディスプレイになり、広い場所にも対応できるのです。

例えば左の写真。上段の右のかたまりは三角形のテクを使っています。下の段の右側は、横にリズムよく並べるテクです。そして、トレイや本にのせるというテクも見つかります。こうやって分析してみると、3つのテクニックさえ身に付けば、いくらでも飾り方は広げていけることがわかるはずです。「ディスプレイって意外と簡単！」そんな気持ちにもなってきませんか？

HOW TO AVOID A
LIGHTNING STRIKE
PLAIN SIMPLE USEFUL
BOOKMARC

# 場所に合わせて、自由に組み合わせる

たった3つのテクニックですが、場所やモノが違えば、でき上がるディスプレイのバリエーションは多様です。大切なのは、場所に合わせること。小さなスペースに詰め込みすぎるのはNGですし、多少大きなスペースでも、余白を意識して飾りましょう。

97ページの写真のように、2段に分けて飾るときは、上下のバランスも考えます。上段では左側に大きく余白を作り、下段では右側に余白を作りました。上段の右には小さな三角形があり、下段の左には大きな三角形があります。上段では並べているものの質感を変えて、単調にならないようにしました。のせるテクニックも、1段だけのところと複数重ねているところを作っています。それぞれの段で、全体的な高さの違いも出しています。

## 三角形＋三角形

同じテクニックを組み合わせた飾り方です。全体のシルエットも三角形になっていますが、左右にそれぞれ大小の三角形を作っています。高低差を作りやすい飾り方なので、メリハリが出ます。

## 三角形＋並べる

右側にガラスの花器とハワイのホテルのオブジェで三角形を作り、左側にキャンドルを並べています。ドライのユーカリで高さを出し、三角形の頂点をわかりやすく作っています。

## 三角形＋重ねる

右側に小さな三角形を作り、左側は空き箱を重ねてドライの植物をのせました。全体的にも高さのメリハリがあります。細かい木の実やドライを使っていますが、空き箱にのせることでバラバラした感じになりません。

# 自分が好きな鉄板パターンを作っておく

## ディスプレイにパターンがあるとまとまりやすく、悩まなくなります

これまでに紹介した基本のテクニックはシンプルではありますが、毎回組み合わせや飾り方を一から考えていると、手間も時間もかかります。もっと気軽に飾ることを楽しみたいなら、自分にとっての成功ディスプレイのフォーマットを作っておくとスムーズ。つまり自分が好きな組み合わせと、それらの並べ方を鉄板パターンとして覚えてしまうのです。そしてパターンを生かしながら、飾るアイテムを差し替えていけば、ディスプレイが決まりやすくなります。

三角形が基本なので、まずは3つのモノを組み合わせたパターンを作ります。例えば、洋書×アロマディフューザー×動物オブジェという組み合わせ。シルエットが異なるものを組み合わせるほうが決まりやすくなります。3つの組み合わせを決め、決まる配置をしっかり模索し、それを自分の鉄板パターンにします。すると、洋書を同じくらいの大きさのフレームに替えたり、ディフューザーを同じくらいの高さになるキャンドルに替えたりしていくだけでディスプレイが決まるようになり、悩まず飾り替えがサクサクとまとまるようになります。

THANK YOU!

# ディスプレイの鉄板ネタを持つ

飾るものの組み合わせにパターンを決めておくと、さっとディスプレイを替えて楽しむことができます。

いくつか私の鉄板パターンを紹介しますが、自分の好きなものを組み合わせたオリジナルパターンを作れば大丈夫。いわば、絶対失敗しない、ディスプレイの鉄板ネタを持っておくのです。

ただし、組み合わせるときと並べるときにそれぞれポイントがあるので、意識してみてください。組み合わせるときは、単調にならないよう、さまざまな質感や形のものを選ぶこと。並べるときは、ものが重なる部分を作ること。

101ページの飾りは、これから紹介する鉄板パターンのひとつですが、リンゴを赤にしたり、ドライフラワーやカードを加えたりしアレンジしています。

## 組み合わせを作ったら意識したいポイント

四角いものと丸い形のものを組み合わせます。小さいものだけ、大きいものだけにならないよう、大きさのメリハリをつけながら、さまざまな形のシルエットを組み合わせましょう。

大きさに違いはありますが、四角い形のものだけにすると、やわらかさがなく単調な印象に。モノがいくらかわいくても、ディスプレイ感も乏しくなってしまいます。

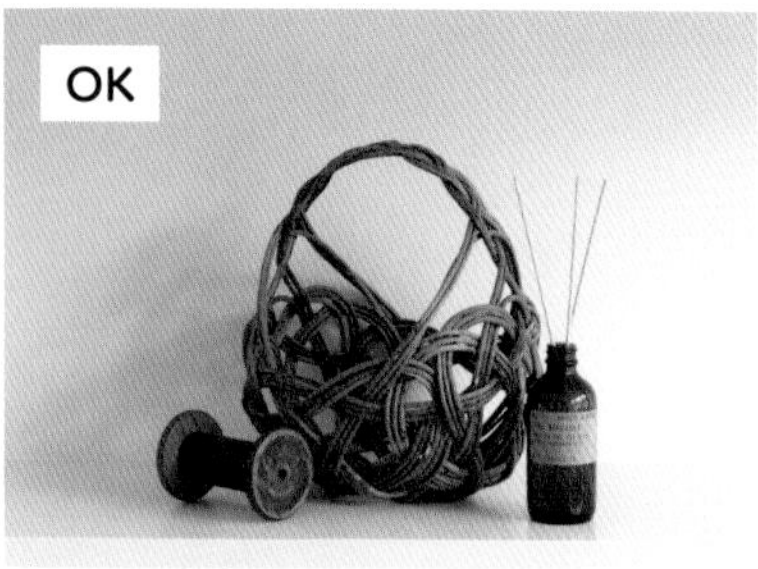


モノ同士が少しずつ重なるように配置しましょう。全体にまとまりが出て、ディスプレイっぽくなります。また、スペースに奥行きが感じられるようにもなります。全て重ならなくてもよいですが、最低でも1か所は重なるところを作ります。

モノの大きさのメリハリ、形のバリエーションもOK。離したほうがきれいな場合もありますが、全て離して置いてしまうとまとまりがなく、「ただ置いただけ」の状態に。全く同じものでも、置き方によって見映えが変わってきます。

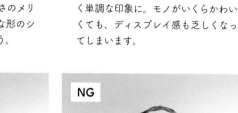

## 洋書×アロマディフューザー×動物オブジェ

四角いシルエットの洋書に、動物のぬいるぐみなどで丸みをプラス。ディフューザーは縦長なので2つのモノをつなぐ役目を果たし、香りの演出もできる、優秀アイテムです。ボトルの質感や色でも印象が変わるので、いろいろ持っておくと便利です。三角形を意識して、洋書の両端に羊の人形とボトルをそれぞれ配置しました。

## ポストカード×
## かご×
## アロマグッズ

アロマグッズを使った組み合わせの2つ目です。丸い形のかごを選ぶことで、四角く硬質な印象のものが多いのに、やわらかな印象に。ポストカードは壁に貼って、かごと一部が重なるように。

## ガラスアイテム×
## 果物×
## カッティングボード

じつはディスプレイに使いやすいのが果物。自然な色が素敵ですし、季節感を出すことができます。食べる前に飾って楽しみましょう。カッティングボードにのせることで、一気にディスプレイ感が出ます。

## キャンドル×エアプランツ×缶

高さを出すためのキャンドルは、大小合わせてバランスよく。足元がさみしいのでエアプランツをプラス。伸びやかなシルエットなので、形のバリエーションを出すことができます。キャンドルは色の違うものにすることで、さまざまな季節感や印象を出すことができます。

## 花瓶×フォトフレーム×石

花瓶とフォトフレームは、三角形を作りやすい組み合わせ。花瓶に花を挿すとさらに高さが出るので、三角形の頂点をどのくらいにしたいか調整することができます。ナチュラルな石を並べてアクセントに。

THEORY

014

# 1枚の布でディスプレイに魔法をかける

## 布1枚でディスプレイが変わり、表情や立体感が生まれます

布をディスプレイに取り入れるというと、パネルにして壁にかけるなど、柄を楽しむことをまずイメージするかもしれません。でも、布はシンプルに、質感や色をディスプレイに差し込んでくれる存在。柄がなくても役立ちますし、1枚使うだけで表情や立体感が生まれ、印象も大きく変わります。布はディスプレイに魔法をかけ、ランクアップをしてくれるのです。

布をしくことでトレイや本などと同様、ゾーニングの効果が期待できます。布1枚が飾る舞台を作ってくれるのです。棚と平行にきっちりしいたり、斜めにしたり、ラフにしわを寄せる、棚の前に垂らすといったちょっとした違いでもイメージは変わるので、布1枚を取り入れてみることの効果の大きさを感じるはずです。

色の影響も大きく、例えば、緑と赤の布をしいてから飾るだけで、一気にクリスマスの雰囲気が生まれます。ほかにも、なにかを布で包んで飾る、かごに入れて端から布を垂らす、花瓶の下に小さな布やレースをしくといったアイデアも。ディスプレイの幅がどんどん広がっていきます。

VISION
SERVICE

# ハンカチだって飾りに使える

ディスプレイに使うとなると、テーブルセンターなどテーブルコーディネートに使う専用の布や、大判サイズのクロスがないと……と思わないでください。日常的に使っているハンカチやスカーフ、キッチンクロスがディスプレイに使えます。冬ならウールのストールやひざ掛けなどを使うと、簡単に季節感が出ます。

ちょっとしたサイズの布でもOK。はぎれや余り布でもよいのです。お気に入りの柄や色の布を飾りに取り入れてみましょう。それだけで、自分らしいイメージになります。

使うときは、さっとアイロンがけするときれいに見えますよ。

## 小さな布

旅先で買った思い出の布やアンティークの端切れ・キルトトップ、ドイリー（装飾用の小さな敷物）など、ミニサイズの布。コースターも使えます。

## ハンカチ・スカーフ

お気に入りのハンカチやスカーフ。好きな色柄で大丈夫。モノを包んで使うときは（109ページ参照）、少し大きめのバンダナサイズがあると便利です。

## キッチンクロス

リネンやコットン製のキッチンクロス。シンプルなものでよいので、何色かあると使いやすいです。お気に入りの布はキッチンにかけておくだけでも、アクセントになります。

## レース

クロシェレースやタティングレースなどさまざまなレース。白や生成り色など、色はありませんが、編み目の質感がディスプレイのよいアクセントになります。

## しく

一番手軽な使い方です。カッティングボードやトレイの代わりに、アクセントにしたいところにしきます。ハンカチを半分に畳んでしくだけ。布の柄をしっかり見せることができるので、飾るものとのバランスで選びましょう。

## 垂らす

しくの応用編。まっすぐしかず、少しずらして斜めにすることで、棚の前側に布を垂らします。布に動きが出ますし、スペースに奥行き感を出すことができます。

## 包む

布で飾るものを作る感じでしょうか。包むものはなんでもよいので、作りたいシルエットに合わせて中身を決めます。布が主役の飾り方。柄を見せたいときや、ここにこの色のものを置きたいけど、ちょうどいいものがないというときに。

THEORY 015

# 好きなシーンを真似することが第一歩になる

**真似をして実際に飾ってみることでセオリーへの理解が深まります**

飾り方を模索して、成功ディスプレイの鉄板パターンを作るといわれても、どうしたらいいのか、ピンとこない。そんな人におすすめなのが、「真似」です。

映画を見ていて印象に残ったインテリアや、洋書を眺めていて美しいと思ったガラス瓶が並ぶ風景。そういう自分の琴線にひっかかったシーンを家にあるアイテムで真似してみる。もちろん、この本をめくって好きと感じた写真でもかまいません。真似するという行為は、ディスプレイを上達させるための手段として、とても有効です。

同じものを持っていなくても、家にある似たようなアイテムを飾ってみる方法で大丈夫。素材感やシルエット、スタイルの近いものを探し、高低差やモノ同士の重なり、下にしいた布の使い方などに意識を向け、真似しながら配置してみてください。何度か試すうち、今までお伝えしてきたディスプレイのセオリーが体の中に入ってくる感覚がきっとあるはず。見てセンスを磨き、真似をしてテクニックを習得する。ほかの習い事と同じようなステップで進めていけば、ディスプレイも確実に上達します。

# 好きな写真・イメージを実践してみる

洋書を真似して実践してみたディスプレイ。同じガラス素材のアイテムだけを使っていますが、モノ選びや並べ方で私らしくなったと思います。

我が家のリビングダイニングから見えるキッチンの棚の一番上には、お気に入りのガラスをディスプレイしています。好きなガラス作家さんの作品や思い出のアイテムを配置して、質感はガラスで統一していますが、色合いやガラスの重なりが美しい、大好きなディスプレイです。

じつは、これには元ネタがあります。洋書を見ていたときに、あるページに目が留まりました。白い棚にさまざまなガラスの瓶が並んでいる写真。これがとても気に入って、真似したのがこのディスプレイなのです。

自分にはなかったイメージやアイデアをもらえますし、真似してみることで別に思いつくこともあります。ディスプレイの幅が広がり、部屋に新鮮な感じを加えることができます。気に入った写真やイメージがあったら、ぜひストックしてみてください。

## 古い洋雑誌

私が美大生の頃、姉がフランス土産に買ってくれた雑誌を今でも持っています。当時の私には衝撃的で何度も何度も見ました。雑誌自体を保管しているものもありますが、好きなページや写真だけスクラップしてファイリングしているものも。

## 旅先のスナップ

旅先で撮った写真も大事なアイデアソースです。お店のウィンドウや店先のディスプレイはもちろん、広場や建物のエントランスの様子、街並みや植物。さまざまなものからインスピレーションを得ることができます。

## 映画のシーン

映画を見ていて、「この部屋が素敵だな」と思うことがありますよね。部屋全体を似せることはできなくても、ちょっとしたスペースのディスプレイなら手軽に真似することができます。テーブルコーディネートからもヒントをもらえますよ。

# 収納さえも飾っているように見せる

## かわいい実用品を選べば収納がディスプレイへと変わります

家は日々、暮らす場所。当然ながら、飾るものだけで暮らせるわけはなく、収納しておくべき実用アイテムもたくさんあります。飾るスペースと収納を完全に分けられればいいのですが、暮らしである以上、混在してきてしまうものです。だから収納するアイテムに対しても、飾るという視点を持ってみるのがおすすめ。つまりは「見せる収納」です。

まず意識すべきは、実用品であっても、できるだけ見てかわいいものを選んでおくということ。そして、同じような質感でまとめ、色みを揃えることも大切です。例えば、質感なら全部を木製にする、ステンレスにする。色なら、全部を黄色にする、黒にする。それだけで収納がすっきりし、飾っているかのようにも見えてきます。

また、ガラスのキャニスターを収納の容器として利用するのも、収納をディスプレイに見せるのに役立ちます。中が見える収納グッズだとモノが隠れないから意味がないと思うかもしれませんが、ガラスがウィンドウ的な役割を果たすので、すっきり見せてくれる効果が期待できます。

VÉRITABLE
EAU IONISÉE
HYGIÉNIQUE RECTIFIÉE
OFFICINE
UNIVERSELLE
BULY
PARIS
FABRICATION FRANÇAISE
DE BAOBAB
MY GLOW
MOIST
TIRTIR

# かわいいもの・素敵なものはあえて見せていく

「見せる収納」という言葉がありますが、ここで提案しているのは、きっちり揃えてしまうことではありません。ざっくりとモノの質感や色を揃えることで、ディスプレイとして見せていくのです。

例えば、お気に入りのパッケージの化粧品は見えてもかわいいし、自分のテンションが上がりますよね。食器や道具も同じ。かわいいものや素敵なものは、飾るポイントを意識して置くことで、ディスプレイとして見せていきましょう。

こまごましたものは、ガラスの容器に入れるのがおすすめです。ステンレスのクッキー型、カラフルな糸や端切れなどの裁縫道具、パッケージがかわいいお菓子など。色や質感を揃えれば、中身が見えても雑然とした印象にはなりません。

115ページでは、ごちゃつきがちなスキンケアアイテムをガラスの容器にまとめることで、すっきりした印象に。

## 色を揃える

キッチンにはさまざまなものがありますよね。生活感が出やすいところですが、色合いが近いものをまとめるだけでも、ぐっとディスプレイ感が出ます。ボトル型のものや箱、色が近い食器があればそれも加えることで、単調になりません。

## 質感を揃える

同じキッチンで、カッティングボードや木のトレイを揃えて置きました。木製、金属製、ガラス製とさまざまな質感のものが混在すると、それぞれのモノは素敵でも、雑然とした印象になってしまいます。置く場所を分けて、質感ごとに揃えてみてください。

## かわいいものを一緒に飾る

タオルを収納している棚に素敵なパッケージのものを一緒に飾ると、それだけでイメージが変わります。収納に飾る要素が加わるからです。スペースに余裕があれば、関係のないアイテムを一緒に飾ると、よりディスプレイ感が出ます。

THEORY
017

# おしゃれな収納グッズを飾りながら使う

**中が見えない収納グッズを選べば、実用×おしゃれさは両立できます**

収納したいアイテムの色や素材を揃えることが大切といわれても、実用品である以上、揃えられないことも多いはず。優先すべきは、実用の便利さなのか、おしゃれさなのか……。二者択一とあきらめなくても大丈夫です。収納グッズ自体の選び方で、両立させることができます。

選ぶべきは、それ自体を愛でたいと思える優れたデザインの収納グッズで、中が見えないタイプのもの。収納したいものに生活感があっても隠せてしまうので、「ディスプレイのおしゃれさをキープしつつ収納できる」という一石二鳥状態になります。

例えば、アンティークボックス。箱を飾っているかのように見せながら、ハンドクリームやリモコンなど、つい棚の上にポイッと置きがちな雑多なものを収納したり。例えば、かわいいクッキー缶。缶自体を愛でるように飾りながら、中には切手とはがきを収めたり。ちょっと高価で憧れのシェーカーボックスから、かわいくて捨てられなかったお菓子の箱まで、なんでもありなので、好きな収納グッズを見つけて、ぜひ活躍させましょう。

JERUSALEM
A. V.
PARIS
STOCKHOLM
A. V.
PARIS

# どうせ入れるなら素敵なものに入れる

我が家では、ごちゃごちゃしがちなスマホやタブレットのケーブル類をまとめてかごに入れています。仕事用のデスクにある本棚の一角にかごを置くだけで、ちょっとしたディスプレイに。

家のスペースは限られます。しっかりと収納スペースがあるのが理想ですが、なかなかそうはいかないことも。とはいえ、ごちゃごちゃしたものが表に出ていると、部屋はすっきりした印象になりません。かといって、収納ボックスが見えているのも……。

そんなときにおすすめなのが、このセオリーです。収納ボックス自体を素敵なものにすることで、出しておいても気にならず、それ自体を飾ることができるのです。

ただし、どうしてもモノが収まりきらないという場合は、モノの量が多すぎる証拠。モノを減らす必要があります。必要なものを見極めて、ディスプレイがキープできる量を保ちましょう。

次のページでは、おすすめの飾れる収納アイテムを紹介します。

## かわいい空き箱・空き缶

なんとなくとっておいた、かわいい空き箱や空き缶はありませんか。あれば飾りに活かすことができます。中にこまごましたものを収納して、飾るものだと意識して、目に留まるところに置いてみましょう。さりげなく活躍してくれます。

## かご

かごはひとつでも、いくつか並べて置いても絵になります。持ち手付きや、蓋付きなど種類はいろいろありますが、何を入れても便利な収納として使いやすく、とても重宝します。

## シェーカーボックス

優秀なディスプレイアイテム。シェーカーボックスとは、オーバル型の木製の箱。19世紀にプロテスタントの一派であるシェーカー教徒が作った家具や道具のひとつです。さまざまなサイズがありますが、大小持っておくと便利です。他のものをのせて使うこともできますね。

PART

05

# 飾るテーマを作る

見映えよく飾れるようになったら、
そこにテーマを加えてみましょう。

飾りにまとまりが出て、
季節の移り変わりや色どりを暮らしに与えてくれます。

# テーマがあるとディスプレイがまとまる

## テーマを決めたほうが簡単にセンスよくまとまります

ショップでディスプレイをするときは、テーマを決めて飾っていることがほとんどです。今回はなにを伝えたいのかを考え、クライアントと相談して、テーマを絞り込みます。テーマがあると、指針となってくれるので、ディスプレイがまとまりやすくなり、お客様の目をより引きつけるよう、飾ることができるのです。

自分の家でも同じように考えます。「自宅の棚を飾るのにテーマを？」と思うかもしれませんが、おしゃれに飾りたいと漠然と思っているだけより、テーマを決めたほうが迷わなくなり、ショップのディスプレイ同様、まとまりが生まれます。

例えば、旅行に出かけた南仏ニースをテーマに。マティスのポストカードをメインに飾り、そのとき買った食器や拾った貝などを組み合わせる。フランスの国旗の色を思い浮かべて、青や赤をキーカラーにするというのもありです。

テーマがあると連想が広がって意外なものを飾ることをひらめいたり、しまったままにしているものを思い出すことも。これもテーマを決めて飾るメリットです。

happy
birthday

# なにを飾ろうか迷ったときはテーマを決めてみて

なにか飾りたいけど、モノが選べない。そんなときは、ぜひテーマを決めてみてください。モノ選びの指針になります。メインで飾りたいものはあるけど、ほかになにを組み合わせていいかわからないときにも、テーマがあると決めやすくなります。

127ページの写真は、ニース旅をテーマにしたディスプレイです。旅先で手に入れたものを中心に、海を思わせる深いブルーの布で全体をまとめました。そのときに誕生日を祝ってもらった思い出があるので、「Ｈａｐｐｙ Ｂｉｒｔｈｄａｙ」のピックもしのばせて。次のページで、テーマを決めて飾る手順を簡単に紹介します。ぜひ参考にしてみてください。

下の写真は、同じ場所でテーマなしで好きな食器を飾った場合と、テーマがあるディスプレイを比較してみました。グレーのポストカードやグラスも素敵なのですが、左のようにテーマを設けると、飾りにストーリーができます。このテーマならこれを選んで、こう飾ったらどうかな、とアイデアもたくさん浮かびます。

## テーマを決めて、モノを集める

ディスプレイのテーマはなんでもOK。季節のイベントや好きな国、家族の思い出、好きな映画や音楽など。ひとつテーマを決めたら、関連するイメージを広げます。そして、家の中にあるもののうち、テーマにつながりのあるものを集めます。

## 選んで配置してみる

集めたものの中から、テーマとの関連性の高さや、季節感、好み、モノ同士の組み合わせなどを考えて、飾るものを選びます。ざっくりとでいいので、ディスプレイする場所に一度配置してみましょう。並べて見ると、足りないものや余計なものが見えてきます。

## 足し引きして調整する

余計なものをはずしたり、足りないものを加えたりして整えていきます。この場合は、まとまりがなかったので布を足しました。また、高さのメリハリを出すため、グラスにポストカードを重ねます。こうして127ページの飾りが完成しました。

# 迷ったら、季節か行事をテーマに選ぶ

## 季節や行事を取り入れて小さな場から空間に変化を

飾り替えのたびにテーマを考えるのも大変なので、基本は季節や年中行事にすると決めておくのが簡単です。桃の節句、お月見などをテーマにすれば、イメージが明確になりますし、春、秋などとくくるだけでも、春はピンクを取り入れたい、秋はススキを飾りたい！　などと思いつきます。

日本にはもともと季節や行事に合わせて床の間を飾ってきた文化があります。それをもっと気軽に棚や壁で楽しむと考えるのはどうでしょうか？　昔からの季節の行事だけでなく、クリスマスやハロウィンなど、新しいイベントごとも増えています。全部を取り入れる必要はありませんが、小さなスペースであっても季節に合わせて飾り替えしていくと、大きな模様替えをしなくても、部屋に変化を出しやすくなり、暮らしのメリハリもできます。

季節や行事を意識すると、ミモザが出始めた、ミニかぼちゃが並んでいるなど、花屋さんの店先の変化にも敏感になれ、花や自然のオブジェも飾りたくなるはず。せっかく四季があり、行事もたくさんあるのですから、取り入れない手はありません。

## 春

同じ場所で、季節ごとのディスプレイを紹介します。まずは、春。

春はピンクのイメージでまとめました。花をメインに色を合わせて、豆皿、ポストカードもピンクが入ったものを選びます。ステージとして使った洋書もピンクの背表紙を選んで。

## 夏

夏は海のイメージ。海綿や貝がらなどをちりばめます。青い布をしくことでまとまりが出るだけでなく、全体に爽やかな雰囲気に。ガラスの器で涼やかさを加えています。和風のかごも違和感なく組み合わせられます。

## 秋

秋はススキと栗の枝をメインに、茶系でまとめています。ざるや平らなかごは、壁に立てかければ高さを出すフレームのように使えます。秋は和風になりやすいので、アロマディフューザーで、洋風なイメージを加えています。

## 冬

冬は赤を使うことが多いです。赤と白の組み合わせは、クリスマスやお正月のイメージにもなります。松ぼっくりや赤い実、木の枝を使うのもおすすめです。ガラスの艶やかさで華やかな印象になります。モノの数は多いのですが、色を統一することでまとまりが出ます。

## 季節感を出しやすいアイテム

### ピンクのもの

ピンクは桜の色なので、春らしい色です。淡いピンクからやや濃いピンクまでを混ぜて使うとよりピンクの美しさが伝わります。

### 蝶モチーフ

春の演出に欠かせない蝶。蝶の柄のグッズやおもちゃは、おしゃれなものが多いように感じます。

### 鳥モチーフ

野鳥のさえずりが聞こえるようになる春。また、ツバメなどの渡り鳥が飛来することから鳥には、春のワクワクするようなイメージがあります。

### 貝

貝がらは爽やかな夏のイメージ。砂浜できれいな貝を探して、時間を忘れたことが何度もあります。ヒトデは形がアイキャッチになり、飾りやすいアイテムです。

### ガラスの器

ガラスは一年中使える万能アイテムですが、やはり夏の演出には欠かせません。ガラスの中に別のものを入れてガラス越しに見せるようにすると、より涼しげに飾ることができます。

### アジサイ

アジサイは梅雨のしっとりしたイメージ。ドライやプリザーブドフラワーのアジサイは、そのままぽんと置けてとても便利。アンティークの雰囲気にもとても合います。

### ざる

キッチンで使っているざるで十分。果物を乗せたり、壁に立てかけたり、使い道はいろいろ。合わせるもの次第で初夏から秋のイメージが作れます。

### プルメリア

南国の花は、やっぱり夏の日差しが似合います。カラフルな色味もよいのですが、私は特に合わせやすい白のプルメリアが好き。中心へのグラデーションの美しさは、飾りのアクセントになります。

### 青い皿

夏の空や海を思わせる陶器の青は、飾りを景色のように見せてくれます。青はどんな飾りにも合わせやすく、下にしくことで全体がまとまります。

特別なものではありませんが、
色や質感、モチーフなどで季節感を出しやすいアイテムを紹介します。

## ススキ

秋の日差しにススキの穂が透けている風景が好きで、よく使う花材です。秋に出回りますが、ドライにしやすいので長く楽しむことができます。

## うさぎモチーフ

うさぎは、活動し始める春とお月見シーズンの秋、どちらにもぴったりです。また、うさぎは和でも洋でも、どんな場面にもしっくりなじむ、おすすめの動物です。

## 松ぼっくり

秋から冬にかけて大活躍の松ぼっくり。素朴な姿は秋の山の風景を想像させますし、ヒイラギや赤い実と合わせれば一気にクリスマスに。お正月には松と合わせることもできる、まさに万能選手。

## 毛糸

毛糸玉は見逃しがちなのですが、冬のアイテムとしてぽんと置くだけで、とてもかわいい飾りになるのです。家に中途半端に余っている毛糸があったら、巻いて玉にして飾ってみましょう。

## 星モチーフ

冬の空を思わせるシルバーやゴールドの星。きらびやかなので、クリスマスや年末のイメージを出すのにぴったりです。クリスマスツリー用の星型オーナメントを飾りに使うことが多いです。

## かぼちゃ

日本にハロウィンがすっかり定着し、秋によく見かけるようになった飾り用のかぼちゃ。色や形が特徴的でかわいいので、ひとつあるだけでもアイキャッチになります。

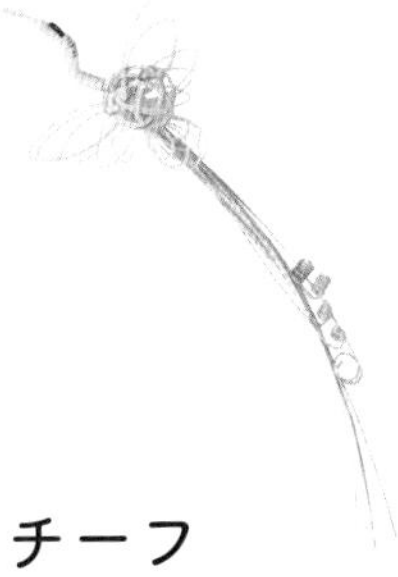

## 鶴モチーフ

鶴はおめでたいイメージの代表。とにかくお正月は、どんな飾りでも鶴を置けば、華やかなおめでたい印象になります。鶴の力は偉大です。

## 塗りの重箱

漆塗りの重箱はお正月の飾りにしっくりきますが、私は普段から飾りや食卓でよく使います。黒でも赤でも、色を加えてくれて、全体を引き締めてくれる効果もあります。

## 木の升

杉や檜などの升は香りもよく、和の飾りには重宝します。お正月の他、節分に豆を入れて飾ったり、升を立てて中に何かを入れたり。面が平らなので重ねやすく、高さを出す台にもなります。

THEORY
020

# 家族のテーマは会話を広げてくれる

## 家族への愛情が伝わり、会話のきっかけにもなってくれます

家に飾りたいものは、雑貨やオブジェ、花だけではありません。家族の写真、子どもが描いた絵や制作物、子どもが小さい頃に「ママに！」と拾ってきてくれた石など。他人から見たら「おしゃれ」ではないかもしれませんが、家族にとっては大切で、眺めていてうれしい気持ちになるものたち。これもやっぱり飾って楽しみたいですよね。

そういうときもテーマを決めるとまとまりやすくなります。例えば、子どもの絵を飾るときは「絵」をテーマに決めて、ママやパパの絵も並べて飾ってみる。例えば、家族で出かけたハワイ旅行の思い出をテーマに。旅で撮った写真をフレームに入れてメインに飾り、そのとき買った雑貨やポストカードを組み合わせるという具合です。

とくに子どもに関わるものに気持ちと手をかけて飾っていると、子ども自身にとってもうれしいスペースになり、自然に愛情も伝わります。そんなふうに飾られていると、訪ねてきた友人たちの目にも留まり、そこから会話が広がることも。コミュニケーションをも盛り上げてくれるディスプレイは、なんだか素敵です。

MORNING GLASS
PINEAPPLE

# 家族の思い出をディスプレイする

子どもの学校行事や習い事の発表会、家族旅行などの思い出は、ぜひディスプレイのテーマにしてほしいこと。

137ページでは、ハワイ旅行の思い出をテーマにしました。家族写真はあえてモノクロにプリントして、スナップ写真感をなくしています。フォトフレームとガラスのピッチャーで高さを出し、貝でできたレイをピッチャーにかけて動きを出しています。こうすると奥行きが出て平面的になりません。また、ハワイで買ったお土産やポストカードも飾って、鮮やかなカラーでまとめます。

次に、子どもや家族に関わるものを飾るアイデアを紹介します。

## ベビーグッズ

子どもが赤ちゃんのときに履いていたベビーシューズ。友人からのプレゼントで、思い出深く、大切にしています。同じく、子どもが使っていたおもちゃと一緒に飾ってみました。ビビッドなカラーのおもちゃでも、組み合わせるものの色を抑えると、うるさくなりません。

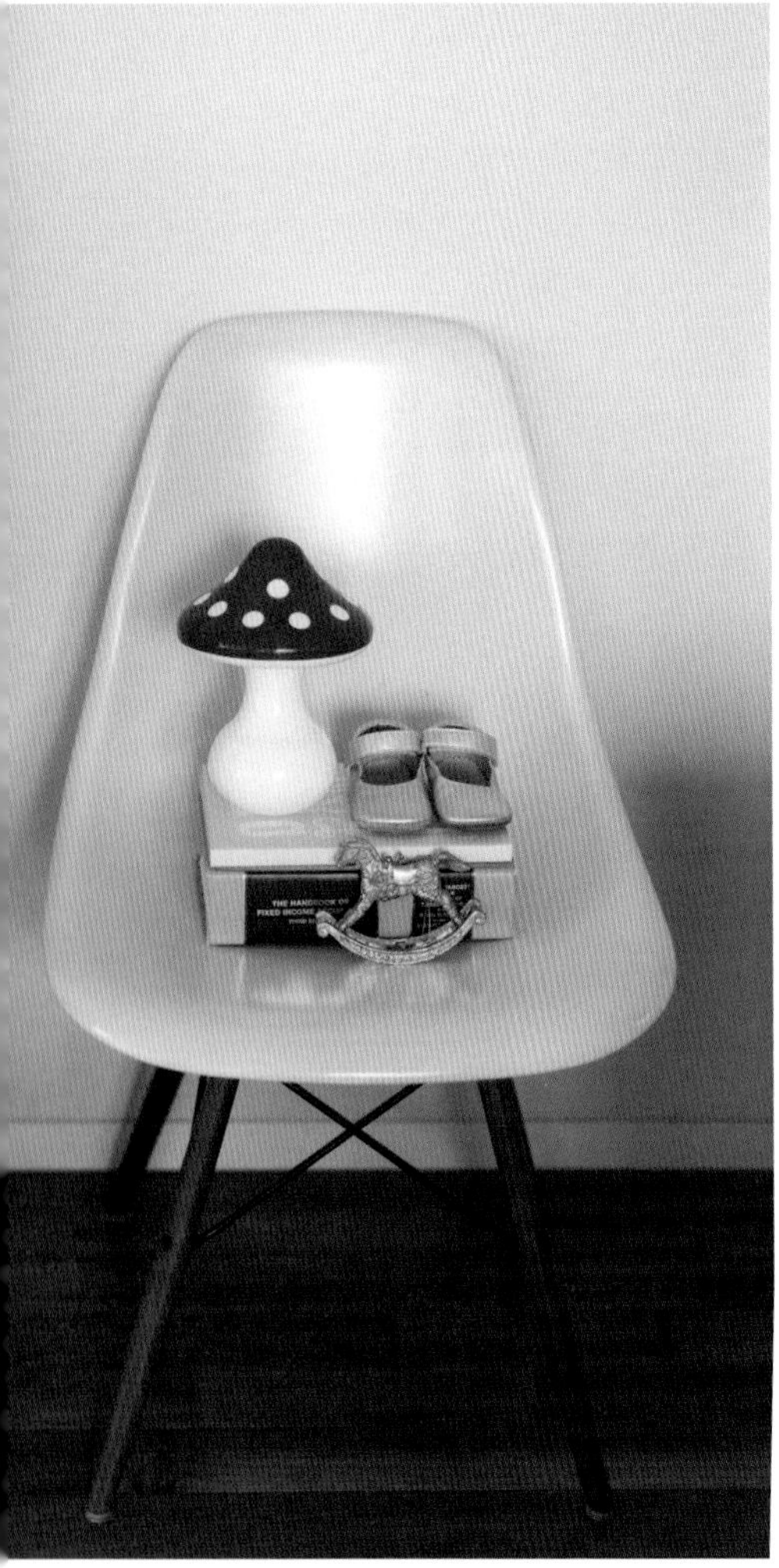

## 子どもの工作

学校の図工の授業で作ったものや、習い事で作ったものも、ぜひディスプレイしてみてください。スタイリッシュなものを組み合わせると、ディスプレイとしてまとまる感じがします。

## 子どもからの手紙

母の日や父の日などに、子どもが書いてくれた手紙。大事に保管していますが、飾るのもおすすめです。目に入るたびに元気をもらえます。フォトフレームに入れて、仕事用のデスクに。ラタンの鍋しきをステージにしています。

THEORY 021

# 趣味のテーマでとことん自分を盛り上げる

## 気持ちを盛り上げ、楽しくするのがディスプレイの最終目的

小さなスペースであっても、眺めるたび、なんだか心がウキウキして、幸せな気持ちになる。飾ることの楽しさは、これに尽きるかもしれません。だからこそ、自分の好きなものを飾ることが重要です。

改めて自分の好きなものを考えてみると、もしかしたら、それは飾れる「モノ」ではないかもしれません。子どもが習っているバレエだったり、かわいがっているペットだったり。「推し」の歌手ということもあれば、オタク的に追求しているお酒かもしれません。そんなに好きなものだったら、やっぱり飾って眺めて楽しい気持ちになりたいもの。封印する必要はなく、とことん自分の気持ちを盛り上げるディスプレイをしてみましょう。

これまでのコツを意識し、テーマも決めて。それ自体は飾れなくても、使う道具を飾り、連想できるグッズもいっしょに並べてみます。写真や雑誌の切り抜きをフレームに入れるのもあり。祭壇のようにもなりがちですが、関連性の低いものも混ぜつつ、うまくいかなくても過程を楽しむ心意気で、試行錯誤しながら飾るのがおすすめです。

7
8
9

# ポイントは、色を揃えること。関連性の低いアイテムも組み合わせること。

趣味のアイテムを飾るとき、特にアーティストの写真を飾るときは祭壇のようになりがちですよね。そういうときは、好きなものだけでなく、ものにまつわるものだけでなく、関連性のないものをひとつ組み合わせると、祭壇っぽさが薄れ、ディスプレイっぽくなります。

また、色味を揃えることも大切。全体に統一感が出て、まとまります。

141ページでは、子どもの趣味であるバレエをテーマにディスプレイしました。習い事で使っていた思い出のバレエシューズや、発表会でつけた髪飾りなどを使っています。バレエシューズの淡いピンクに合わせて手作りのスノードームを選び、ロマンチックなイメージに。うさぎのオブジェやメジャーがモチーフのバングルなど、雰囲気は近いけど関連性の低いものを組み合わせました。フォトフレームの枠だけを使ってメリハリをつけ、脚付きの白いカップを逆さまに置いて、台として使っています。

## お酒コレクション

お酒が好きで、家でよく飲んでいるという人なら、ぜひボトルを飾ってみましょう。かわいいパッケージならベストですが、手作りのお酒を入れた保存容器を飾っても◎。ドイリーをしいて、松ぼっくりを組み合わせることで一気にディスプレイになりました。

## 「推し」グッズ

好きなアイドルや歌手のグッズを飾りたいときは、モノクロの写真にしたり、色味をシックにまとめて。「推しカラー」はアクセントにする程度に。花瓶やキャンドルは祭壇っぽくなりがちなアイテムなので要注意。ミニかぼちゃや本など、関連性の低いアイテムを組み合わせます。

## 好きなモチーフ

猫や馬など、好きなモチーフのグッズを集めている人も多いですよね。つい全て並べて飾りたくなりますが、気分や季節に合わせて飾るものを選ぶとディスプレイっぽくなります。和風のものを選ぶとお正月っぽく。ワイン箱を利用して飾る場所を作っています。

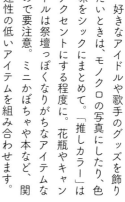

SALTY
CARAMEL

PART

06

実践

# 小さなスペースの飾り方アイデア54

さあ、部屋を飾ってみましょう。

季節を感じながら、
家を心地よくするためのディスプレイを。

まずは、紹介したアイデアを真似してみてもよいでしょう。

# 春

コンパクトなおひな様を棚の一角に飾って。赤い敷物を使うと、ひな壇っぽくなるだけでなく、まとまりも出ます。ひなあられを入れたミニグラス、白いキャンドルを左右対称に配置しました。高さがおひな様を超えないようにします。

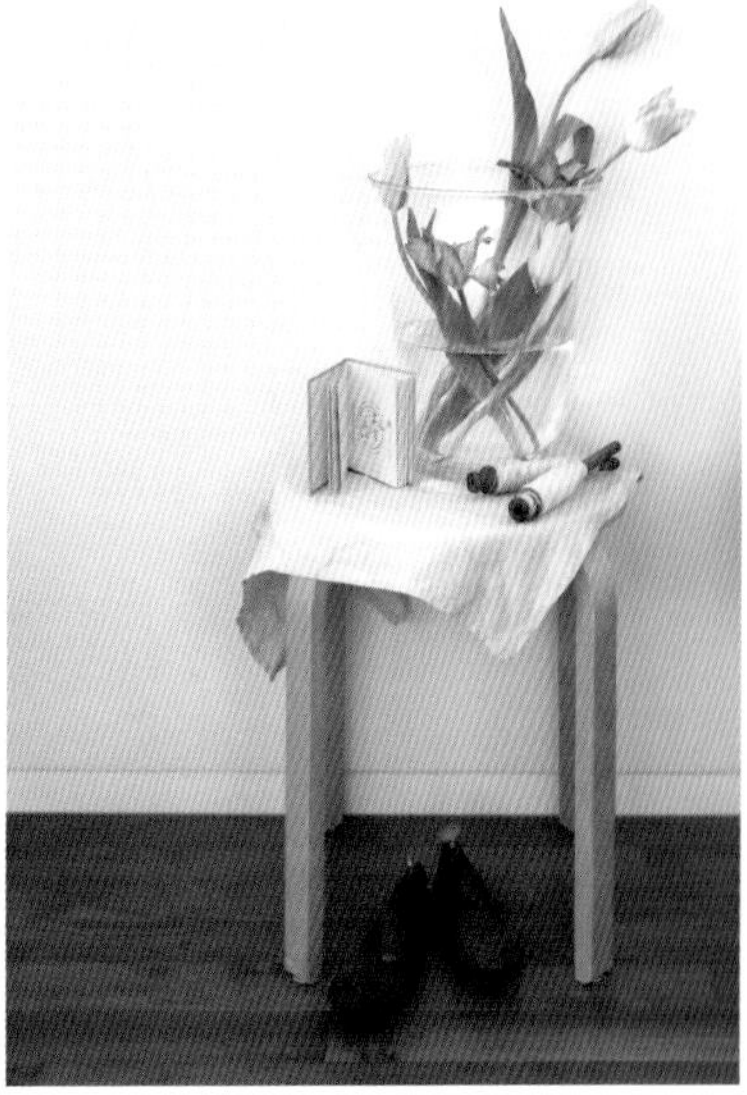

スツールにハンカチをしいて、ディスプレイスペースを作ります。花瓶だけでもよいですが、小さな本や糸巻、靴の木型などを組み合わせました。

菜の花を入れた花瓶を床置きして。フレームを立てかけると、枠が決まってまとまりが出ます。

玄関の靴棚の上。クリスマスローズをガラスの花瓶に入れて。花瓶の形はさまざまですが、素材が同じなので統一感が出ます。カッティングボードをしいて、まとまりを出します。

同じ玄関の靴棚の上に、今度はジャスミンを飾りました。木製のカッティングボードをしくのは同じですが、和の器を組み合わせて。

たっぷりのミモザを。ミモザのボリューム感に合わせて、ガラスの容器を2つ重ねてバランスを取っています。全体が三角形になるよう、位置を整えて。

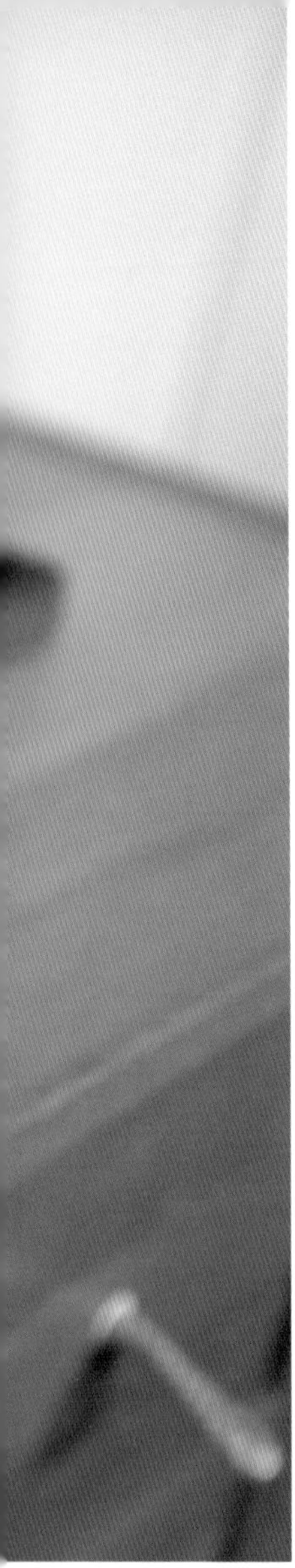

母の日にもらった花束と香水をパッケージと一緒に飾りました。キッチンカウンターの一角に飾ると、目に入るたびにうれしくなります。かごに花を挿すときは、こんなふうに中にグラスを入れて。

実家で早めに咲いたピンクのアジサイ。ビビッドな天板のスツールに飾って、華やかな印象に。スツールは好きな場所に飾りを作れるので便利。天板に壁紙やマスキングテープを貼ってアレンジしても◎。

ガーベラを入れたグラスを3つ並べて。花弁の大きな花は、1本だけ飾っても存在感があります。ドリンク用のグラスでも、並べることでディスプレイに。

子どもが作った折り紙の工作を飾って。ピンクなどで色を統一すると、ビビッドな色が多い折り紙でもかわいく飾ることができます。鯉のぼりはかごバッグに入れることで、部屋になじみました。

# 夏

大好きなガラスのアイテムを窓辺にまとめて。キッチンにあるものでも、高さのメリハリをつけ、石や流木など関連性の低いものを組み合わせることで生活感が薄れます。

笹がなくてもできる七夕のディスプレイです。フローティングキャンドルを水に浮かべて、涼しげに。銀色の折り紙を切って、七夕飾りに見立てます。緑を少し足しても。

貝をメインに使ったディスプレイ。洋書を重ねて、その上に貝を組み合わせました。かわいいパッケージなら、ハンドクリームなど日常的に使うものを飾りにするのもおすすめ。さっと使えるので便利です。

来客がある日は、準備したグラスや器、ワインのボトルをディスプレイとしても活用しましょう。テーブルの真ん中やキッチンカウンターの一角に飾ると、華やかになります。

生活感が出やすいキッチンに緑を。スープやお茶の空き缶を鉢カバーにして、カッティングボードを壁に立てかけて、高さを出しています。

緑の枝ものや植物で、夏のディスプレイ。キッチンで使っているハンドソープも、かわいいパッケージのものなら、そのまま飾ります。石を組み合わせてアクセントに。

# 秋

お月見のディスプレイ。月見団子ではありませんが、丸い大福を器に盛って。三方などがなくても、マグカップとプレートで脚付きの器にして代用(P66参照)。ススキとうさぎの人形を合わせて。

ハロウィンのスワッグ。床に飾りを置きたくないという人は、壁を活用しましょう。オレンジの実がついたツルウメモドキや黒い色の唐辛子をまとめたら、黒いリボンで結びます。

秋は果物のシーズン。食べる前にぜひ飾って楽しんでください。柿は色合いも美しく、飾ると絵になる果物です。ざるに盛って、栗の実やキャンドルを組み合わせます。

ハロウィンシーズンはディスプレイしやすいものがたくさん。ぜひ実践してみてください。ミニかぼちゃやかぼちゃモチーフのお菓子、骸骨ラベルのワインも楽しい。オレンジと緑をメインカラーにして、統一感を出します。

お茶をテーマに、キッチンにディスプレイ。お茶の缶やティースプーン、ティーポットをまとめて。お茶のパッケージはかわいいものが多いので、飾りに使いやすいアイテムです。

ガーベラをガラスの
花瓶に入れて。花瓶
をくすんだ色味でま
とめて、秋っぽく。高
さを変えることで、メ
リハリを出します。

階段の端はよいディ
スプレイポイントで
す。動線の邪魔にな
らないところがあれ
ば、活用しましょう。
トレーに花瓶やキャ
ンドルをまとめてみ
ました。ススキ、栗、
竜胆など、秋の植物
に木の質感があるも
のを組み合わせてい
ます。

来客があるときには、玄関のそばにこんなディスプレイはいかがですか。イスにルームフレグランスや手の消毒スプレーをまとめて。味気ないアイテムが多いですが、かわいいバスケットに入れて、ドライフラワーを組み合わせることで素敵に。

子どもが使っていたミニチェアをディスプレイに。子どもが描いた絵とぬいぐるみ、サイズアウトしたお気に入りのブーツを飾って。

秋らしい、深みのある色合いの花をまとめて。花を入れているのは、じつはティーポット。小さなコンソールテーブルの端にディスプレイコーナーを作り、布と青い皿でまとまりを出します。木の実とリスを組み合わせて、さらに秋の風情をプラス。

読書の秋ということで、本を使ったディスプレイ。洋書を重ねるだけでなく、本そのものを飾ります。オブジェをブックエンドのように使って。緑、オレンジ、黒をメインに色を揃えました。

コスモスが自然に咲く姿をイメージして、伸びやかにディスプレイ。花の色と合わせたピンクのガラスの花瓶を使い、アンティークのポストカードを何枚かしきます。

# 冬

ツリーがなくてもクリスマスっぽい雰囲気に。銀色のケーキスタンドにリースを置いて、真ん中にキャンドルを配置。キャンドルは高さの違いを出すのがポイント。リビングやダイニングのテーブルに置いて、ティータイムを楽しんでみてください。

リースを棚の一角に立てかけて。組み合わせた洋書やベビーシューズの色味を抑えることで、シックな雰囲気に。

小さなツリーを部屋の角に。
オーナメントの代わりに、お
気に入りのタグやショップ
カードを飾っても楽しい。ワ
イングラスを逆さまに置い
て、キャンドルホルダーの代
わりに。赤、金などの色を選
ぶと、小さなツリーでもクリ
スマスムード満点です。

星型のアイテムもクリスマスに使いたいもののひとつ。ガラス容器に入れて、キャンドルと組み合わせます。

オーナメントをガラスの容器に入れて。こちらもツリーに飾らなくても、十分クリスマス。ツリー以外にオーナメントを飾る方法としておすすめです。

大ぶりのガラスの器に、枝とイルミネーションライトを入れて。ツリーに巻きつけなくても、これだけでクリスマスの雰囲気に。色を使わないので、大人っぽくまとまります。

クリスマスのスワッグを壁に吊るすのも◎。シンプルですが、緑と赤の色を組み合わせるだけで、クリスマスぽっくなります。

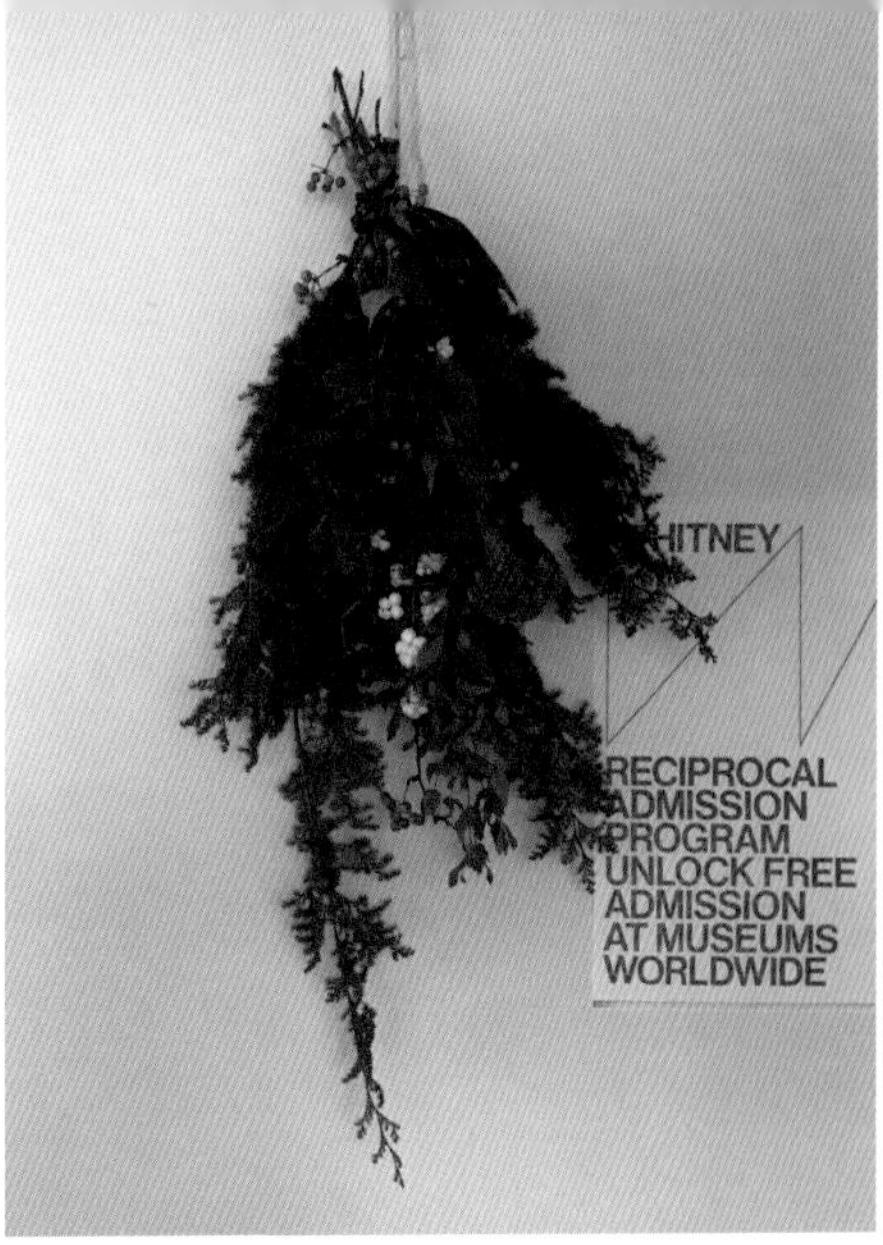

玄関の靴棚の上に、クリスマスモチーフのポストカードとオブジェを飾って。アンティークの絵柄のものに、モノクロの木のモチーフや「X」の文字をデザインしたカードを組み合わせて、落ち着いた印象に。

クリスマスからお正月にかけての時期に飾りたい花のディスプレイ。赤い実と緑の葉がついた枝ものは、クリスマスっぽさもあれば、お正月のイメージにもなります。こまめに水替えして、長く楽しみましょう。横にドライの植物を組み合わせて。

手軽に楽しめるお正月のディスプレイ。鏡餅やしめ縄以外はいつものアイテムでも、お正月らしさを演出できます。鏡餅の台は代用で工夫しています。赤い布をしくと、まとまりが出ておめでたい雰囲気に。
松飾り風のスワッグを手作りしてもよいですね。大王松の枝に、ドライの実ものと赤い実のついた南天などを組み合わせて、紙で巻いてから紅白のコードで結びます。
お正月というと赤のイメージがありますが、赤を使わずに飾るのもおすすめ。しめ縄のリースに、裏白などの緑でまとめてシックに。

COLUMN

# ディスプレイにあると便利な道具・材料

ここまで、飾る場所を作るものや飾るものはあれこれと紹介してきましたが、私がディスプレイをするときに欠かせないものをいくつか紹介します。

ひとつめは、レースペーパー。布と同じようにしいてまとまりを出すのに使うこともできますし、さまざまな色があるので、色を足したいときにも使えます。布と同じように使えますが、布と違って手軽に切ったり、折って形を変えたりすることができるのがポイントです。

また、マスキングテープは、壁にポストカードを貼るときなどによく使います。壁になじみやすい白が基本ですが、組み合わせやすいストライプ柄は何色かあると便利です。

コードやリボンも持っているとよいと思います。麻ひもや紙製のコード、サテンのリボンなど素材はさまざまですが、ディスプレイを邪魔しない細めのものがおすすめです。

スワッグを結んだり、ドライフラワーを飾るときに束ねたり、意外と登場することが多いもの。

どれもディスプレイのメインとなるものではありませんが、私のディスプレイには欠かせないものです。

レースペーパーは、意外とさまざまな形、大きさ、色があります。マステやリボンも多種多様。迷ったら、飾りに使いやすいシンプルなものを持っておきましょう。

COLUMN

# ディスプレイをきれいにキープするには

季節やテーマに合わせてディスプレイは替えていきますが、生活空間にあると、どうしてもホコリが溜まってしまいますよね。

きれいに保つには、基本的には、こまめに掃除するしかないのです。そのためのコツを紹介します。

大切なのは、掃除道具をすぐ手に取れるところに置くこと。我が家では、ホコリ取りをリビングの入口そばの取っ手にかけておきます。こうすることで、ちょっとしたすき間時間にさっと掃除できます。

また、着なくなった衣類や布製品を切ったものをガラスのキャニスターに入れて、キッチンの窓辺などに置いています。

ディスプレイスペースの汚れを落とすだけでなく、キッチンの水回りや窓ガラスなど、汚れが気になったときにすぐ掃除することで、少しずつきれいな状態を維持しているのです。

飾ったものは、入れ替えるときにホコリを取って、しまうようにしています。なんでも一度にまとめてやろうと思うと大変なので、少しずつ、その都度お手入れするようにしています。

古布を切ったものはガラスのキャニスターに入れておけば、そのまま出しておいても気にならなりません。

ホコリ取りは、そのまま出しておけるフェザーダスターに。すぐ手に取れるので、気になったときにささっと掃除。

# ショップインデックス

キャンドルやガラス、かご、ドライフラワーなど、この本で提案した、ディスプレイにおすすめのもの。私がよく探しているおすすめのショップを紹介します。

## スパイラルマーケット

素敵なポストカードや、メッセージカードを探すときに必ず立ち寄ります。飾りのアクセントになるような、シンプルでデザインの優れたものばかり。アロマグッズも充実。

http://www.spiralmarket.jp/
Instagram：@spiralmarket_jp

## ZARA HOME

フォトフレーム・花瓶が充実。店内はテーマ別に分けて置いてあるので、欲しいものが見つけやすいです。トレンドとベーシックのバランスが絶妙な、飾る暮らしには欠かせないショップです。

https://www.zarahome.com/jp

## OUTBOUND

作家さんのかごやガラス、陶器など飾りたくなるものが必ず見つかるお店。店主のディスプレイもさすが素敵でセンスよく、飾り方の参考になります。

https://mendicus.com/

## PUEBCO

フォトフレームや砂時計、アクセサリーボックスなどなど、飾りにぴったりなものがたくさん。どれも海外の香りがするラフなおしゃれ感があります。

http://www.puebco.jp

## 東京堂

花にまつわる資材が一度に揃うプロショップ。ドライフラワーやプリザーブドフラワー、松ぼっくりなどの実ものからキャンドル、リボンまで揃っています。

東京堂通信販売サイト「マイフラ」
http://myflowerlife.jp/shop
東京堂
http://www.e-tokyodo.com

## お茶とギャラリー 1188

作家さんのガラス・カッティングボードなど、店主のこだわりでセレクトされた美しいものたち。高知にあるお店ですが、お近くの方はぜひ行ってみてください。店主のセンスを直接味わえるはずです。

Instagram：@kouchi1188
※現在通販は対応しておりません。

## d47 design travel store

D&DEPARTMENT が渋谷ヒカリエに展開するデザイン物産美術館「d47 MUSEUM」。そこに併設するストアです。日本 47 都道府県の、その土地らしい工芸品や食品を販売していて、作り手の顔の見えるような、思わず飾りたくなる美しい品々に出会えます。

https://www.hikarie8.com/d47designtravelstore/

## FILM

目黒通りのアンティークショップ。家具がメインですが、海外で買いつけた花瓶や動物オブジェなどもあり、センスのよいセレクトが光ります。

https://film-interior.com/

● 掲載内容は、2021年12月現在のものです。
● 取扱いアイテムや在庫状況は、店舗や時期によって事情が異なりますので、予めご了承ください。

TIRTIR
ACCA

**著者　みつまともこ**

ディスプレイデザイナー・インテリアスタイリスト。多摩美術大学デザイン科卒業。株式会社サザビー（現株式会社サザビーリーグ）に入社し、衣食住にまつわるブランドのウィンドーディスプレイ、ショップデコレーション、撮影のスタイリングなどを手がける。その後、フリーのディスプレイデザイナー・インテリアスタイリストとして独立。イベントやショップなどのディスプレイデザイン、雑誌、書籍、webなどさまざまなフィールドでスタイリングを手がける。雑貨や家のデコレーションに関するアイデアを紹介する機会も多い。私生活では、小学生の女の子のママで、インスタグラムもアップ中。著書に『暮らしの図鑑 ガラス』（翔泳社）がある。

Instagram：mitsumatomoko
www.mitsumatomoko.com



小さなスペースではじめる
飾る暮らしの作り方
**プロが教えるセオリー＆アイデア**

2021年12月13日 初版第1刷発行

著　　者　みつま ともこ
発 行 人　佐々木 幹夫
発 行 所　株式会社 翔泳社（https://www.shoeisha.co.jp）
印刷・製本　日経印刷 株式会社



© 2021 Tomoko Mitsuma

本書は著作権法上の保護を受けています。本書の一部または全部について（ソフトウェアおよびプログラムを含む）、株式会社 翔泳社から文書による許諾を得ずに、いかなる方法においても無断で複写、複製することは禁じられています。
本書へのお問い合わせについては、15ページに記載の内容をお読みください。
造本には細心の注意を払っておりますが、万一、乱丁（ページの順序違い）や落丁（ページの抜け）がございましたら、お取り替えいたします。03-5362-3705 までご連絡ください。



ISBN978-4-7981-7107-4
Printed in Japan

アートディレクション　藤田康平（Barber）
デザイン　白井裕美子
間取りイラスト　サカガミクミコ
撮影　安井真喜子
伊藤大作
みつまともこ
撮影協力　加藤郷子
清水美里
佐々木章裕・佐々木美紀
文（セオリー部分）　加藤郷子
編集　山田文恵